CHUT !

POCKET "Nouvelles voix"
Partagez nos découvertes !

Christine ANGOT
Sujet Angot

Marc BONNET
Sexes

Christophe DONNER
Quand je suis devenu fou

Sylvia FOL
Vu de dos

Jean-Marie GOURIO
Chut !

Yasmina KHADRA
Les agneaux du Seigneur

Linda LÊ
Voix

Richard MORGIÈVE
Un petit homme de dos

Vincent de SWARTE
Pharricide

JEAN-MARIE GOURIO

CHUT!

JULLIARD

Le Code de la propriété intellectuelle n'autorisant, aux termes des paragraphes 2 et 3 de l'article L. 122-5, d'une part, que les « copies ou reproductions strictement réservées à l'usage privé du copiste et non destinées à une utilisation collective », et d'autre part, sous réserve du nom de l'auteur et de la source, que les « analyses et les courtes citations justifiées par le caractère critique, polémique, pédagogique, scientifique ou d'information », toute représentation ou reproduction intégrale ou partielle, faite sans le consentement de l'auteur ou de ses ayants droit ou ayants cause, est illicite (article L. 122-4). Cette représentation ou reproduction, par quelque procédé que ce soit, constituerait donc une contrefaçon sanctionnée par les articles L. 335-2 et suivants du Code de la propriété intellectuelle.

© Éditions Julliard, Paris, 1998
ISBN 2-266-08610-3

Elle portait une robe violette, des sandalettes de cuir blanc, et je remarquai qu'elle avait coloré les ongles de ses pieds en jaune. Assise sur un banc dans le parc du château de Nérac, la jeune fille semblait lire son gros livre les pieds enfoncés bien au frais dans deux bouquets de crocus. C'était la première fois que je la voyais. Elle lisait Chateaubriand. Derrière elle une statue de pierre tenait un moineau dans sa main. Quand l'oiseau s'envola, la jeune fille tourna la page puis elle ne bougea plus. La lumière qui frappait les pages claires du livre éclaboussait son visage. On aurait cru que la jeune fille se regardait dans un miroir.

Me voyait-elle en arrêt devant elle? Me devinait-elle au moins, si près du banc? Le soleil brillait dans ses cheveux, sur son front, le long de son nez. Le livre faisait un peu d'ombre sur son ventre que je devinais rond comme un petit melon. La jeune fille immobile s'offrait toute à moi et je pouvais la détailler sans la gêner. D'ordinaire, les gens qui sont en train de lire, dès qu'ils se sentent observés, lèvent les yeux vers vous et cherchent à vous faire comprendre que vous devriez aller regarder ailleurs. Pas cette jeune fille qui lisait sur son banc.

Elle s'en fichait. Elle était jolie parce que, justement, elle lisait avec gourmandise sans se soucier du reste.

Le lendemain, je la revis au même endroit. Elle lisait Francis Ponge, le Savon. Dans la nuit, elle avait fini son Chateaubriand, cinq cent trente pages, quel appétit ! Il avait plu et le parc restituait de sa fraîcheur nocturne. Je m'arrêtai devant le banc. Le livre était petit. Avec moins de texte par page sans doute que dans Chateaubriand car elle les tournait plus souvent, et toujours de la même manière. La jeune fille pinçait doucement ses lèvres chaque fois qu'elle tournait une page, ni avant de l'avoir tournée ni après l'avoir tournée, la jeune fille pinçait les lèvres précisément pendant ce petit mouvement semi-circulaire de sa main qu'elle exécutait avec une grande application, parce qu'elle profitait, semble-t-il, du déplacement d'air provoqué par l'oiseau. Quand il s'envolait, il lui tournait la page. Cet oiseau lui avait-il tourné, en s'envolant cinq cent trente fois, toutes les pages du livre de Chateaubriand ?

Je me souviens lui avoir dit, pour la faire rire, vous lisez un savon ? Comme elle était gentille elle avait ri. Son rire était haut. Clair. Mais la jeune fille avait ri avec retard, en posant sur moi un regard perdu. Elle m'avait cherché un instant alors que j'étais là debout devant elle. Je l'avais tirée de sa lecture comme on tire de force quelqu'un de son lit. Puis elle referma doucement le Savon. Cligna plusieurs fois des paupières. Son rire tourna au grand sourire. Elle serra ses genoux. La façon qu'elle avait de tirer sur son cou et de se tenir bien droite faisait ressortir ses seins. Elle était confortablement assise sur ses fesses comme un clown tombé dans un gros gâteau.

– On est quand ? demanda-t-elle.
– Dimanche.
– Matin ?
– Après-midi.
– Déjà ?

Elle avait oublié de manger ! Elle et son petit livre ne vivaient pas la même journée que nous et, s'il m'avait été possible de marquer le temps qui passe avec un produit coloré, je crois que je l'aurais vu serpenter dans le parc puis s'arrondir autour des jambes de la jeune fille à la manière d'une eau lente se plissant contre les piles immobiles d'un pont. Nous étions tous portés par son cours sauf elle. Et moi plus que tous les autres promeneurs encore. J'étais un jeune militaire en permission.

– Je peux m'asseoir ?
– Vous aimez la lecture ? avait-elle demandé.
– Je suis parachutiste à Pau.
– Mais ça n'empêche pas de lire, vous savez !

Et je m'étais assis. Lentement pour ne pas lui faire peur. J'avais posé comme elle mon cul dans un gâteau.

– Je lis tous les soirs, mademoiselle, enfin presque tous les soirs, de temps en temps je me force à lire, ça m'entretient les yeux.

Elle hocha la tête et regarda mon crâne rasé brillant comme un caillou sorti du torrent. Des enfants s'aspergeaient et criaient à la fontaine. Le ciel leur avait doré la peau.

– Vous aimez Ponge ?
– Connais pas.
– C'est un écrivain, dit-elle.
– C'est lui qui a écrit ce que vous êtes en train de lire ?
– C'est lui.

— Ponge ? Comme la pierre ?
— La pierre, c'est ponce ! et elle éclata de rire.
— Ponge ?
— Francis Ponge.

Elle se tut, recula son visage pour mieux me voir. J'étais beau. Avec des grandes oreilles. Son regard était gentil, mais maintenant son sourire était plus dur parce qu'elle devait crisper ses mâchoires pour empêcher ses lèvres de trembloter. Je me souviens qu'elle lut pour moi quelques lignes. Je regardais les petites pointes de ses seins à travers son corsage. Ses mains délicates sur les pages. Son cou. Son ventre. Elle lisait avec application. Les mots sortaient tiédis de sa bouche. Ses lèvres bougeaient à peine. Elle quittait parfois la page pour me fixer dans les yeux.

— Ça vous plaît ?

Bien sûr que j'aimais le Savon ! Elle aussi déjà je l'aimais ! Et ses jambes ! Et ses lèvres !

— Vous voulez que je vous en lise encore ?
— Bien sûr !

Et comme je sentais que ça lui plairait, j'ajoutai :
— C'est bien écrit en tout cas...
— Vous trouvez ?
— Absolument !

Elle se remit à lire. J'étais bien. Je ne pensais qu'à lui savonner le ventre et les seins. Je l'imaginais dans son bain.

— Je suis bibliothécaire, dit-elle.
— Vous aimez la piscine ?

Elle baissa lentement les yeux. Ses joues rosirent un peu. Elle me lut le Savon jusqu'au bout. Les gens tournaient leur regard vers nous quand ils passaient et ils me souriaient. Ils trouvaient sans doute que nous formions un joli couple. Au début j'essayai de me tenir comme elle, bien raide et concentré, mais vite je m'affalai sur le banc. La jeune fille lisait sans s'occuper de rien d'autre que de son livre et de moi. Sa lecture me faisait l'effet d'une tisane. J'étais calme. J'avais envie de faire pipi.

– C'est la première fois que je fais la lecture à un inconnu...

– Ça ne doit pas vous déranger de lire pour un inconnu, vous lisez bien pour un oiseau, lui dis-je en me retournant, mais le moineau avait disparu.

Elle fit comme si elle ne me comprenait pas mais je savais qu'elle savait que je savais leur manège. Puis elle sourit.

– Vous reviendrez ? demanda-t-elle.

– Je dois rejoindre ma caserne ce soir, lui dis-je.

Après une courte hésitation – elle le fit tourner dans ses mains, le regarda devant, derrière, encore devant – elle m'offrit son petit livre. Je le pris avec précaution, entre le pouce et l'index comme on saisit le bord d'une assiette.

– C'est pour moi ?
– Pour vous, dit-elle.
– Eh ben... c'est gentil ça...

Je le fis tourner dans mes mains comme elle venait de le faire, je regardai le devant, le derrière et encore le devant. Un moineau se posa sur la statue de pierre. Un vieux moineau déplumé qui portait un ver de terre dans le bec. Ça n'était pas à proprement parler un moineau à lecture...

Je jurai de le garder sur moi jours et nuits que Dieu fait, ce fut ma formule, Ponge m'avait donné l'envie des mots recherchés plutôt que des autres qui viennent facilement quand on a bu de la bière. Le livre avait pris l'odeur de sa peau.

– Jurez-moi de le lire, ajouta-t-elle, chaque jour un peu, nous en reparlerons.

— Oui bien sûr, de le lire ! C'est promis !

Je le glissai dans ma poche après l'avoir feuilleté. C'était un livre pas gros. À peine cent vingt-huit pages qui faisaient, quand on les feuilletait, presque pas de vent. Nous nous serions parlé la veille, peut-être serais-je rentré à la caserne avec Chateaubriand ! Cinq cent trente pages ! Écrit petit !

Je pris le train de nuit. Des militaires criaient dans les couloirs. D'autres chantaient des chansons salaces. Les bouteilles vides roulaient sur le sol collant des compartiments. Mon visage se reflétait dans la vitre et je ne m'y reconnaissais pas. Je cherchais les lumières des villages. Petits groupes de gens courageux sur la terre. J'imaginais des jeunes filles en train de lire dans leur lit. Des bruits de télé. Des cris d'enfants. Des aboiements de chiens. Des îlots de bois sortaient de l'obscurité puis replongeaient vite dans la nuit, poussant devant eux des butées de gravats ou des ruines abandonnées aux arbres. Le clocher noir des églises par-dessus les maisons. Le muret sombre autour des cimetières. Les gares toutes de brique filaient dans le soir. Je sortis le petit livre de ma poche et le pressai contre mon visage pour retrouver l'odeur douce de sa peau. Le petit livre sentait les frites de la gare.

— Alors ? me demanda-t-elle un mois plus tard, quand je la retrouvai sur son banc, elle lisait une nouvelle de Franz Kafka intitulée Un artiste de la faim – j'apprendrais par la suite qu'il s'agit de plusieurs récits réunis sous un même titre – Francis Ponge vous a plu ?

Elle portait une petite robe claire qui la serrait à la taille et un ruban bleu dans les cheveux.

— L'avez-vous lu tous les jours comme promis ?

Elle tenait son livre ouvert sur ses genoux serrés, le pouce entre les pages. L'ongle était long, pointu, et brillait comme une lame.

— Je m'en sers pour trancher le papier, dit-elle, détacher les pages entre elles, comme ceci...

Et d'un coup d'ongle tranchant comme un rasoir elle sépara les deux pages à suivre qu'elle n'avait pas encore lues ! Puis elle fit tourner sa petite arme dans le soleil. Elle avait recouvert le recueil de nouvelles à la façon d'un livre scolaire avec un papier mat gris souris. La jeune fille me faisait penser à un chaton, doux et innocent mais capable de jouer des heures avec sa proie avant de la tuer. Ses lèvres étaient maquillées rouge cerise. Elle me regarda par en dessous. Elle souriait. Plutôt que de répondre à sa question sur Ponge, je lui donnai un baiser. Un souffle de vent tiède fit trembler les feuilles des arbres et tourbillonner sur sa robe des petits ovnis de couleurs. Le livre glissa. Elle devint toute rouge, retira ses lèvres humides des miennes et se pencha pour le ramasser. Je l'entendis murmurer :

— Excusez-moi, monsieur Kafka !

Elle parlait à son livre comme à une personne humaine ! Je me souviens que papa parlait toutes les nuits à une vis tombée du cercueil de maman mais son immense chagrin expliquait cela. Moi-même j'avais parlé à mon fusil, Agathe, mais c'était là une connivence qui nous avait été recommandée, ton fusil, c'est ta femme, soldat ! c'est même plus ! c'est ta maîtresse ! c'est ta sœur ! c'est ta mère ! Bichonne-le comme si c'était toutes les gonzesses de la terre, il te sauvera ! Mais parler à un livre ! En papier ! Pendant qu'elle se relevait, j'aperçus les dentelles de son soutien-gorge.

— Kafka s'est rien cassé ?

Elle posa le livre contre sa poitrine et prit ma main qu'elle colla contre lui, je sentis dans ma paume son cœur battre fort et vite à travers le papier.

— Vous sentez, dit-elle, comme il a eu peur ?

Mon index qui dépassait du livre vint frôler le bout dur de son sein. Et ça n'était pas le nez de Kafka qui dépassait des pages ! Elle frissonna. Puis me tendit le livre.

— Tenez, prenez !
— Encore ? Mais j'ai déjà l'autre !

Elle se leva et partit en trottant dans les allées du parc. Elle dépassa le bassin.

— Je ne vous le donne pas, cria-t-elle, c'est un livre de la bibliothèque ! Rendez-vous jeudi au même endroit !

Je montai sur le banc et sortis de ma poche le livre de Ponge que j'agitai à bout de bras en criant à mon tour :

— Je vous ai rapporté le Savon !

Ponge dans une main et Kafka dans l'autre, je faisais des sémaphores dans le soleil.

— Il vous a plu ? cria-t-elle, et les gens se retournèrent sur moi.

— Oui, certains passages !

Elle disparut derrière un arbre puis elle réapparut.

— Quels passages ?

Alors je récitai pour elle, *le savon fut préparé par l'homme à l'usage de son corps; pourtant il ne s'y tient pas volontiers. Ce galet inerte est presque aussi difficile à tenir qu'un poisson. Le voilà qui m'échappe et comme une grenouille replonge au bassin !*

Puis je ne la vis plus. J'entendis seulement son rire derrière les buissons. Je restai avec les livres au bout des bras, ailes minuscules qui m'empêchaient de voler. Le gardien me fit descendre. Avec ces livres qui ne m'empêchaient pas de marcher, je partis boire un coup.

Par la fenêtre en biais on voyait l'église en biais et un petit bout du ciel en biais lui aussi. Papa m'avait attendu pour manger. Il avait acheté du jambon et du pain de campagne, mis des cornichons dans un bol et des petits oignons dans un ravier. Trois fleurs dans un vase sur le buffet. Les trois fleurs, je crois que c'était nous deux, plus maman. Dans son empressement à tout faire beau il avait oublié d'y mettre de l'eau. Il me regarda d'un drôle d'air alors que je retirais mon blouson.
— Tu lis des livres toi maintenant ? C'est ça qu'ils t'ont appris à l'armée ? Tu vas faire quoi maintenant ?
— Je sais pas, rien.
— Tu vas habiter où ?
— Je sais pas encore.
— Tu peux rester ici autant que tu le veux, t'es chez toi ici...
Je regardai autour de moi. Rien n'avait bougé depuis la mort de maman, ni la pendule que papa avait arrêtée le matin de son enterrement, ni l'Encyclopédie universelle en vingt et un volumes qu'il avait achetée pour elle à un représentant au porte-à-porte mais que personne, à ma connaissance, n'avait jamais ouverte. On lira jamais tout ça ! s'était exclamée maman avec fierté quand elle avait vu la photo du catalogue révélant de façon spectaculaire ce qu'il y avait à lire. Le représentant porte-à-porte avait montré dans un sourire toutes ses belles dents.
— Vous avez toute l'histoire du monde et toute la géographie, avait-il dit, les cinq continents et les

îles, l'espace, les étoiles, le soleil, là en bas de la page vous avez indiquée la température au centre du soleil et sur le bord, vous avez les peintres, Einstein, sa théorie que tout le monde connaît vous l'avez là, les mathématiques, la physique du monde, la chimie, tout sur les forêts du monde, les poissons, les musiciens y compris le jazz, les religions plus nombreuses qu'on croit, tout, tout sur tout !

Papa avait signé. On avait attendu d'être livrés. Plusieurs cartons avec dedans des boulettes en papier pour coincer les tomes. On n'avait donc rien lu. C'était un meuble dans le meuble ! Un mètre vingt de savoir universel. Papa et maman l'avaient mis sous clef. On voyait ce savoir gigantesque à travers la vitre à coulisse de la commode vernie, impressionnant d'exotisme, inutile et lointain comme des anémones rares dans un aquarium d'eau de mer. C'était notre trésor qui dormait sous la lumière bleutée d'une loupiote qui s'allumait en même temps que le plafonnier, les visiteurs en entrant ne risquaient pas de rater l'étalage de nos richesses. On pouvait choisir bien sûr de n'allumer que la loupiote, alors maman, assise dans le fauteuil à oreillettes, Pall Mall aux lèvres, passait de longs moments à feuilleter son journal télé dans la lumière bleutée du savoir universel, quand le soleil de l'après-midi ne rentrait plus dans la ruelle. Les livres, on se fichait seulement de ce qui était écrit dedans. On adorait le dehors, en quelque sorte. Qu'est-ce que maman aurait pu faire de tout ce savoir universel ? Elle lui faisait les poussières, papa lui changeait deux fois par an l'ampoule, moi je n'avais pas le droit d'y toucher pour ne pas corner les pages. C'était déjà miraculeux ! Toutes les connaissances terrestres dormaient chez nous !

Dans notre buffet ! Pourquoi se les mettre dans la tête ? Et d'ailleurs, nous n'avions pas la tête en forme de buffet.

Les livres à lire se serraient sur une étagère dans les cabinets, une vingtaine de Sélections du Reader's Digest qu'on appelait le Radar Digeste. Ces livres renfermaient des extraits d'autres livres, même des extraits de livres étrangers qui avaient été traduits et dont le nom du traducteur était déjà terriblement dur à lire, mais aussi des histoires drôles que papa racontait quand des amis venaient, en citant ses sources.

– C'est pas de moi, c'est les histoires de Sélection.

– Ah ! Sélection, disaient les gens, on en a aussi, on les met dans les cabinets.

Ces vingt livres, tous nos cacas même ceux de Noël n'y suffirent pas. Ça faisait tellement à lire. Une sorte de bibliothèque déjà... On avait vu dans les grands feuilletons de télévision comme Sherlock Holmes, Arsène Lupin ou les Brigades du Tigre, les bibliothèques des riches qui montaient jusqu'au plafond et dont tous les livres avaient la même taille. C'est pour ça que c'était beau. Il fallait que tout s'aligne au cordeau. Absolument. Les belles choses toujours s'alignent comme à la caserne dans la cour d'honneur. Nos Sélections s'alignaient sur les murs des cabinets et aussi les vingt et un volumes reliés cuir crème de l'Encyclopédie universelle. C'est simple, l'un d'entre eux aurait dépassé qu'on l'aurait renvoyé à peine sorti du carton. Illico !

Papa avait un peu maigri et flottait dans sa chemise. Il sentait l'eau de Cologne.

– C'est quoi ces livres ?
– C'est rien, on me les a prêtés.

– Prêtés ? Ah bon... L'instituteur ?
– Ce con-là, ça fait longtemps que je le vois plus...
– C'est de la politique ?
– Mais non, papa... c'est rien... des trucs à la mords-moi...

Pour le rassurer je lançai dédaigneusement Ponge et Kafka sur la table. Le coin de la serviette à petits carreaux se souleva doucement. Et ce coin de serviette que le vent du livre avait levé me fit penser à la légèreté d'une jupe. Je pensais à Mathilde, à ses genoux, à ses cuisses blanches et à son cœur qui m'avait battu dans la main. Je ne pus m'empêcher de poser la paume sur le livre et je sentis battre un cœur à toute vitesse ! Comme ça ne pouvait être le mien, j'avais le cœur d'acier des militaires, cinquante battements au repos, j'en conclus que ça ne pouvait être que celui de Kafka.

On a mangé en silence, les deux livres posés sur la nappe entre nous. L'angle supérieur droit de Ponge touchait les cornichons tandis que Kafka et son artiste de la faim touchaient le bol des oignons. Forcément ça attirait l'œil. C'était leur façon d'être là comme si de rien qui n'était pas normale. Des livres pendant qu'on mange...

Papa se servit un morceau de pain et sa main passa au-dessus d'eux. Si près. En les frôlant. Une miette tomba sur la couverture du Francis Ponge. Papa résista mais ce fut plus fort que lui, plus fort que nos deux forces réunies. Il se mit à fixer la miette et moi aussi je me mis à fixer la miette. Je crois que jamais nos yeux ne s'étaient posés en même temps sur quelque chose d'aussi petit que cette miette triangulaire et dorée. Même une des fois où nous étions allés à Mimizan-Plage avec le car, papa m'avait tenu par la main et nous avions regardé la mer qui était vraiment immense dans ce coin, papa m'avait montré l'horizon qui se courbe et les nuages qui deviennent roses à la tombée de la nuit et les étoiles par milliards, moi j'aurais voulu qu'on se mette à quatre pattes dans le sable mouillé et merde aux espadrilles pour regarder le plus petit des petits bouts cassés d'un coquillage, ma tête contre sa tête avec mes cheveux dans ses cheveux, avec nos yeux qui cligneraient en fixant ce minuscule bout de coquillage et qui pleureraient à cause du sel. Cette miette sur les livres, peut-être était-ce nos coquillages en retard? Nous étions comme paralysés. Vidés d'une chose qui nous durcissait de l'intérieur. Peinards du dedans! Le silence et la miette et les deux livres réparaient des choses secrètes, secrètes pour lui, secrètes pour moi. Et je crois que maman nous observait de là-haut, et qu'elle riait de voir ses deux hommes fixer une miette avec le regard con des poules à l'enclos.

Ça dura longtemps, je crois, quand on en eut assez papa leva sa main. Pour que le tranchant de sa main puisse attraper la miette juste à l'extrémité supérieure il fallait qu'il rase le papier et papa y est arrivé, sans hésiter. On aurait dit qu'il avait chassé les miettes de sur les livres toute sa vie! La miette voltigea dans le soleil et retomba sur la table parmi les autres miettes. Papa me sourit. Enfonça dans sa bouche un gros cornichon entier, croqua plusieurs fois, le bruit trop grand pour sa bouche élargit encore son sourire. Le vinaigre lui fit briller les yeux, puis, s'inspirant du titre de Kafka, il s'exclama: moi aussi je suis un artiste de la faim quand j'ai faim! Je mis dans ma bouche un cornichon plus gros encore que le sien et je lui dis, en articulant comme je pouvais, que moi auchi! Il enfourna tout de suite un autre gros! le plus gros de tout le bol! énorme comme un cornichon russe et c'était avant la chute du Mur! qui faisait un coude! et il se vanta d'être le plus grand artiste de tout le pays quand il avait faim! C'est comme ça que nous avons fini le bol de cornichons à toute vitesse pour savoir qui était le plus artiste des deux quand il avait faim! J'aurais bouffé mille cornichons pour qu'on soit bien comme on était bien. Et puis il s'est redressé, il m'a fixé.

– Qui c'est qui te les a donnés ces livres?
– Prêtés, papa, une fille.
– Une fille?
– Oui, papa, une fille que j'ai rencontrée au château.
– Putain con au château! C'est là que j'ai rencontré ta mère! Elle était sur un banc au soleil! Elle avait pas de livres ta mère, ah non, elle avait un chapeau avec des cerises et elle attendait que les garçons viennent se poser! On tournait autour d'elle comme les oiseaux des cerisiers, tu vois lesquels?
– Les étourneaux.
– Combien de fois on s'est battus pour elle, la vache! C'est dans le parc qu'on m'a cassé le nez, tant mieux, avec mon nez aplati elle m'a trouvé beau gars, l'autre qui m'avait dérouillé avec son nez de perdrix elle lui a plus parlé, j'ai eu de la chance finalement dans mon malheur, ah oui, de la chance, beaucoup de chance d'avoir mon nez plat!

Il regarda le mien.

– Elle fait quoi dans la vie?
– Elle vend des produits de beauté.

Bibliothécaire, il m'aurait répondu politique! Papa écarquilla ses yeux.

– Des produits de beauté? Pour la beauté de la femme?

— Oui, des produits de beauté pour le corps et pour les mains abîmées.

Papa se leva doucement et alla s'installer dans le fauteuil à oreilles, le dos à la vitrine des Encyclopédies.

— Ta mère avait pas besoin de produits pour être belle du corps et des mains quand je l'ai connue ! Ah, ta mère ! Même la vaisselle ça la rendait plus belle...

Il se cala dans le fauteuil, posa ses mains à plat sur les accoudoirs qui devaient encore sentir maman, la javel, l'eau de Cologne.

— Ta mère, ajouta-t-il, un peu rêveur, c'est pas des petits livres comme ça qu'il lui fallait, c'est des livres comme ceux-là, des Encyclopédies !

Il vanta la gourmandise intellectuelle de maman qui avait lu même plusieurs fois chaque tome de l'Universalis, ça ne serait pas dit qu'une marchande de produits de beauté pour le corps et pour les mains dépasse en quoi que ce soit, surtout pas en lecture, maman qu'il adorait !

— Elle lisait des livres, moi rien qu'une ligne je m'endormais ! Une sacrée femme, ta mère, tu sais...

Je fis oui de la tête. Papa ferma les yeux. La lumière des Encyclopédies mettait du bleu dans ses cheveux. C'est alors qu'il me demanda, j'en fus tout surpris :

— Tu veux pas m'en lire un peu de ton truc sur la faim ?

— Moi ?

— Pas le pape !

Je pris le livre dans ma main, plutôt mal à l'aise, il était tout petit ! Un Opinel de hauteur sur un demi-Opinel de largeur. Je poussai mon assiette et j'essuyai la toile cirée, ensuite je posai délicatement le livre devant moi, je m'essuyai les doigts sur le pantalon, après un temps pour me faire à l'idée que j'allais lire j'ouvris le livre à la première page, mais ça n'était pas le début de l'histoire, c'était une page absolument blanche qui n'avait pas été imprimée, je continuai, c'était une autre page blanche pas imprimée et encore une page toute blanche pas imprimée. La page avec le titre apparut enfin, avec des renseignements sur l'homme qui avait traduit le texte en français, un professeur honoraire à l'université de Paris-Sorbonne, je tournai la page en espérant trouver l'histoire mais ça n'était pas encore le moment, c'était une préface écrite par un second bonhomme d'une autre université. Je tournai les pages jusqu'à la fin de la préface pour tomber sur un avertissement de l'éditeur. Enfin, je lus un titre au milieu de la page, UN ARTISTE DE LA FAIM, et, dessous, j'y étais, commençait la lecture ! Je posai l'œil sur le premier mot, c'était le mot Un, suivi du mot trapéziste, je les lus d'abord pour moi comme en reconnaissance, puis je les lus à haute voix pour papa qui s'endormait. Que les lettres étaient petites et lointaines ! Beaucoup plus petites que dans le Savon de Francis Ponge. Moitié plus petites !

Je posai mon doigt sur la ligne. Le livre s'aplatit sur la toile cirée. La page perdit sa rondeur naturelle et la ligne retrouva sa rectitude. La position était bonne. Il ne me restait qu'à lire la ligne sombre immobilisée sous mon doigt. J'étais prêt à y aller, j'y allai ! *Un trapéziste – on sait que cet art, qui s'exerce dans les hauteurs, sous le chapiteau des grandes scènes de variétés, est un des plus difficiles auxquels l'homme puisse accéder – un trapéziste donc avait, tout d'abord dans un désir de perfectionnement, puis par habitude devenue tyrannique, organisé sa vie de telle manière qu'aussi longtemps qu'il travaillait dans le même établissement il restait jour et nuit sur son trapèze...* Par moments, papa claquait des lèvres puis il inspirait profondément en serrant le cuir lustré du fauteuil. Je cessais de lire, sa respiration s'accélérait, je reprenais le fil de l'histoire et papa redevenait tout à fait calme dans son sommeil. Il était là-bas dans son rêve, je lui jetais des mots qu'il ajoutait à sa sauce, il se faisait grâce à Kafka un rêve aux petits oignons. Il prononça le prénom secret de maman, Chouchou, un surnom qu'elle exécrait parce qu'il faisait penser, comme elle disait, à une potiche molle, tiré d'un roman à quatre sous, qui font à peu près un franc de maintenant. Pour nous qui n'en lisions jamais, maman était un personnage de roman...

À peine étions-nous sortis de Nérac que maman passait son maillot de bain pour ne pas être en retard dans l'eau. Qui aurait pu lire sérieusement un roman alors que l'héroïne voyageait parmi nous, à demi nue, dans ce grand car bleu qui roulait vers Mimizan-Plage ?

Maman marchait entre les rangées de sièges en faisant les mouvements de la brasse sous les rires et les huées des hommes, sous les reproches et les gloussements des jeunes et des vieilles femmes, enfin sous les cris de colère de papa furieux mais tellement fier et stupéfait par la beauté de sa femme, sa liberté d'être et son culot, avec ses longs cheveux blonds pleins de soleil ramenés en chignon sous son chapeau couvert de cerises, grosse bonne femme bien ronde qui serait une goutte de lait, d'une pureté à pleurer.

Sur la plage on ne voyait qu'elle. Quand elle s'enfonçait dans la mer et nageait loin, loin de la terre, nous la suivions tous des yeux. Elle gardait son chapeau pour nager. Et quand elle sortait de l'eau, s'élançait sur le sable, tous les hommes même les plus bedonnants se levaient pour courir autour d'elle et la toucher sous le prétexte de jouer à chat. Qui pouvait continuer sa lecture, alors qu'il était possible de caresser sa peau ?

Les romans policiers restaient sur le coin des serviettes et sur le dessus des paniers, leur couverture noire brillant sous le soleil. Chaque voyage organisé à la mer, je voyais les gens ouvrir avec plaisir et résolution les ouvrages, toujours les mêmes ! qu'ils reposaient à la moindre incitation au jeu ou à la contemplation. Les livres toujours recommencés finissaient jaunes et racornis, pas finis, fatigués, usés, ni lus ni non lus, transportés, rangés, sortis, rerangés, à nouveau sortis, ouverts, fermés, posés, repris, froissés, refermés, garnis d'une algue en marque-page, d'un tube de crème, d'une plume d'oiseau, posés ouverts sur le ventre et sur le dos, tachés, mouillés, fourrés dans les paniers, dans un perpétuel état de semi-abandon, triste état qui leur allait bien d'ailleurs, vieux bouquins pleins de sable et fidèles jusqu'à la déchirure, qui, s'ils n'avaient pas été là, auraient terriblement manqué. Quand nous rentrions après ces journées de soleil, maman assise au fond du car chantait pour nous des chansons de Luis Mariano, les pieds nus et les genoux couverts d'un sable qui ne voulait pas s'éteindre et restait jusqu'au bout du trajet doux au regard et luminescent. Dès les premiers kilomètres de nationale, les plus courageux ressortaient les livres. Puis venaient les vergers de prunes. Les vignes. Les cultures maraîchères. Les champs de melons. Alors on voyait les livres retourner les uns après les autres dans les paniers, le marque-page glissé doucement dans l'épaisseur du papier comme un bec sous une aile. Rattrapés par la paresse. On commençait à bâiller. Le ciel devenait rose. Mauve. Strié de blanc à la surface des étangs creusés dans les gravières. Une grand-mère lisait toujours à haute voix dans le jour finissant, sans ses lunettes! pas besoin! je vois très bien! on entendait ses mots sautiller comme les lentilles dans le tamis... Ken... faut que... je la... elle fait... la vieille dame perdait la ligne à chaque cahot de la route et se raccrochait au premier mot venu... Ken... la vérité... bonjour shérif... maquereau... sur les oreillers... motel... plat de nouilles... le fric... et elle recommençait, le nez de plus en plus enfoncé dans le papier gris qu'elle tenait collé contre la vitre pour ramasser un maximum des lumières roses du couchant, les sinus attaqués par le sel et les yeux larmoyants. On regardait le chemin. On causait. On chantait. La première étoile apparaissait dans le ciel. On ne la voyait plus, on attendait, on la cherchait, elle revenait, étonnamment brillante dans une bande bleu marine. Puis la deuxième étoile du crépuscule brillait à son tour. La troisième étoile. La quatrième et la cinquième, la sixième quelques secondes plus tard et, tout d'un coup, des milliers d'étoiles blanches se mettaient à briller dans tous les coins du ciel. La vieille dame laissait tomber son livre sur ses genoux. Elle dormait. Puis le livre tombait par terre. Il glissait sur les grains de sable qui couvraient le plancher du car, dans les descentes il filait vers l'avant, dans les montées il filait vers l'arrière. Personne ne le ramassait. Tout le monde pouffait de rire! Presque toutes les fois que nous allâmes à la mer le livre glissa d'avant en arrière et d'arrière en avant sur le plancher sablé. La mésaventure de ce roman faisait partie de notre voyage. C'était un point final plutôt comique mais bien réel à notre journée. Un signal. Les passagers pouvaient alors somnoler tout à fait tranquillement, bercés par les mouvements du livre, lents aller et retour presque aussi réguliers que les vagues de la mer que nous venions de quitter. La nuit enveloppait le car. Bouchait les vitres. Le chauffeur allumait la petite lampe bleue du plafonnier. Cela durait jusqu'à ce que l'un d'entre nous se décide enfin à se baisser pour faire cesser ce jeu cruel qui abîmait les pages. C'était toujours un adulte qui le faisait. Les enfants fatigués par le bon air et la baignade dormaient déjà en serrant sur leurs genoux le Temple du Scarabée d'or et le Club des cinq en vacances. Un soir ce fut mon tour. Je tenais ouvert sur mes genoux l'Enfer vert du delta de l'Orénoque, un livre avec des photos de poissons, des photos de pluies torrentielles sur l'eau épaisse et verte, des photos de nuages sombres sur les méandres d'un fleuve, des photos d'indigènes souriants chargés de singes qu'ils allaient manger, un livre de photos que j'aimais bien avec presque pas de textes. Le livre de la grand-mère me passa entre les pieds. Coup de culot! je pris le livre dans ma main! Il sentait le pipi de chat. Maman me regarda avec surprise. Je revins à ma lecture. Page trente-huit, la légende disait: leçon de pêche. Des jeunes filles nues les bras en l'air accrochaient sur des branches des filets. J'étais devenu mariole.

Le livre de Kafka tomba. Je l'avais poussé de sur la table pour y poser ma tête. Je m'étais endormi comme je le faisais à l'armée, la tête posée sur le sac quand les camions nous ramenaient à la caserne après les longues marches. Papa se réveilla brusquement en demandant : j'ai dormi ? Il se redressa dans son fauteuil. Ses cheveux faisaient un épi. Il chercha maman. Il regarda le livre tombé à terre. Tout était si calme dans la maison que le livre lui-même semblait s'être assoupi. Papa le prit dans sa main, découvrit dans sa paume la légèreté de l'ouvrage, papier plein de sommeil, puis il le posa doucement sur la table, sans bruit, pour ne rien réveiller. Nous sommes sortis. De la fin de l'après-midi jusqu'à tard dans la nuit nous avons fait tous les bistrots de la ville à boire de la bière en nous tenant par le cou. Comme si nous avions le même âge. Vers minuit, papa fin saoul serra le poing en regardant le barman et lui cria dans le nez :

– Nous autres on est des trapézistes !
Puis il me regarda et ajouta :
– Pourquoi je dis ça moi ?

Comme promis, Mathilde m'attendait sur le banc dans le parc du château, le jeudi vers midi, dans une petite robe jaune, au soleil. J'avais pris avec moi le Kafka et le Ponge. J'avais mis mon costume vert olive, celui que j'avais acheté le dernier jour de mon armée afin de rentrer à la maison comme un jeune qui reviendrait de loin avec des bonnes nouvelles. Je m'arrêtai dans un tournant de l'allée. Partout les gens lisaient. L'endroit me faisait l'effet d'une classe studieuse et tranquille. Mathilde m'apparut comme la plus studieuse de tous à cause justement de sa robe jaune et du soleil qui pleuvait sur elle en éclaboussant l'herbe alentour et le banc, il se dégageait de sa silhouette une telle énergie que c'en était stupéfiant de la voir lire aussi parfaitement immobile, sagement posée. Papa avait rangé dans un carton une petite sainte qu'on allume. Mathilde me fit penser à la petite sainte qu'on allume parce que la petite sainte avait un visage de plâtre absolument marqué par la solitude. On avait envie de garder la petite sainte allumée toute la nuit. Mais la petite sainte n'arrêtait pas de sauter, alors papa l'avait mise dans un carton à la cave avant qu'elle ne nous foute le feu, dans un carton d'huile elle et sa solitude moulée dans le plâtre à jamais, jusqu'à ce que quelqu'un la casse en la laissant tomber. Mathilde avait encore en commun avec la sainte de plâtre que j'aurais pu la prendre aussi dans mes bras et la ranger dans un carton d'huile tellement elle faisait petite sur son banc lorsqu'un train de nuages passait devant le soleil et que sa jolie robe jaune cessait d'en renvoyer les rayons. Elle sautait comme la petite sainte de plâtre et s'éteignait. J'aurais pu, je crois, la casser en la laissant tomber.

J'allai m'asseoir sur le bout du banc. J'avais dans l'idée de lui crier quelque chose à l'oreille pour la faire sursauter mais je n'en eus pas le courage. Plus justement, j'avais la sensation qu'en hurlant j'aurais fait s'envoler son livre comme un pigeon venu lui manger dans la main et que j'aurais effrayé. C'est ce qui me retint. Sur un banc plus loin, une vieille dame donnait à manger aux oiseaux, les oiseaux se posaient sur ses mains, ses bras, sur sa tête, mais surtout un pigeon blanc et bleu se tenait dans ses mains serrées en forme de bol et picorait du blé mélangé à du pain. C'est lui je crois qui me fit penser à un livre oiseau. Je n'avais jamais auparavant fabriqué de telles bizarreries avec ma pensée – je me serais traité de pédé –, je sentais bien que rien n'allait plus comme avant. Je pensais vierge en plâtre et oiseau livre...

Mathilde lisait toujours sans me voir. Ou bien faisait-elle semblant de ne pas me voir ? Sa respiration était lente. Je voyais son cœur battre dans son cou. Les veines de ses mains semblaient puiser dans le livre une sève épaisse qu'elles transportaient le long de ses bras nus vers ses épaules, puis elles s'enfonçaient avec leur précieux chargement dans les chairs, le corps de Mathilde venait chercher dans le corps de cet oiseau ce qui convenait à sa propre vie. C'était l'Oiseau du mois, d'Alexandre Vialatte. Mathilde remuait très légèrement ses lèvres. Je lus dans ces mouvements quelques mots – j'avais appris à le faire à l'armée –, des mots comme Auvergnat, chien-loup, Édimbourg, porto, soupe. Drôle de lecture pour une jeune fille en robe jaune... Elle était penchée, le cou tendu, je lui trouvai un grand nez comme sur les médailles des reines et des rois que l'on gagnait à cette époque avec les capsules d'huile. Une fine cicatrice blanche lui rentrait dans la lèvre supérieure en forme de petit hameçon. Elle était si légère avec son livre à la main ! C'est le livre qui lui donnait sa légèreté. Ce livre portait bien son nom d'oiseau ! Elle tourna la page, mais avant de tourner la page elle mouilla le bout de son index avec la pointe de sa langue. J'en vis l'extrémité rose passer entre ses lèvres et s'écraser doucement sur son doigt. Maman mouillait aussi son doigt quand elle lisait et surtout quand elle feuilletait le journal de télé. Papa, lui, ne mouillait pas son doigt pour tourner les pages quand il lisait. Les vieilles dames qui s'asseyaient sur une chaise pour lire l'été devant leur maison le faisaient. Je ne me souviens pas avoir vu les grands-pères mouiller leur index. Je me souviens des dames lisant dans les compartiments des trains et mouillant leur index pour tourner les pages du journal qui leur offrait un roman-photo d'amour. Je ne me souviens pas avoir vu leur mari agir de la sorte, peut-être que les maris ne lisaient pas ? Peut-être que les grands-pères devant leur porte l'été ne lisaient pas ? Peut-être se contentaient-ils de regarder passer les voitures et passer les gens ? Peut-être les hommes dans les trains se contentaient-ils de regarder la France défiler sous leurs yeux en fumant debout dans le couloir ? Le pape doit mouiller son doigt pour lire, je l'imagine comme ça, seul dans une pièce immense, penché sur un livre épais comme une poutre de chêne, le front dans une main, l'alentour baigné dans la semi-obscurité, dans l'odeur des tentures et du bois, dans la froideur aussi de la pierre, de l'or et des marbres. Léonard de Vinci devait mouiller son doigt pour feuilleter ses notes reliées sous des couvertures de cuir épais et odorant, je l'imagine comme ça, et Colette aussi mouillait son index quand elle lisait sur le pas de la porte de sa maison de Saint-Sauveur-en-Puisaye. Marx mouillait-il son doigt ? Freud mouillait-il son doigt ? Vauban mouillait-il son doigt ? Marie Curie mouillait-elle son doigt ? et Mme de Sévigné ? Et Gandhi ? Et Shakespeare ? Et Goethe ? Mathilde recommençait bientôt. Elle entrouvrait ses lèvres. Sa langue rose sortait et mouillait le bout de son doigt qui allait à son tour mouiller de salive le coin supérieur droit du papier qui se mettait à boire. Un peu de salive allait comme ça sur chacune des pages du livre, pollinisé en quelque sorte par ce dispositif astucieux de la nature. Elle sortit encore le bout de sa langue et mouilla le bout de son doigt, alors je lui dis d'une voix forte :

– Coucou, c'est moi !

Elle sursauta, rougit et me tendit immédiatement sa main comme je l'avais prévu. Je la pris dans la mienne. Je sentis, là où commence ma ligne de vie, le bout de son doigt plein de salive se coller sur ma peau, et, comme si j'étais l'angle de papier d'un petit livre qu'elle aurait lu et aimé, je la bus.

Je lui rendis Kafka et Ponge. Elle était heureuse de les retrouver. Elle les ouvrit, comme pour vérifier que les mots y étaient – tous les gens à qui l'on rend des livres empruntés font ça –, elle lut quelques phrases tirées de chacun.

– Le voyageur considérait la herse en plissant le front... À rien ne sert de vivre sous la pompe...

Les mots y étaient. Ceux de Kafka dans l'un et ceux de Ponge dans l'autre. Elle les referma et me sourit. Alors je me dis que les livres finissent par faire partie de ceux qui les possèdent, ainsi le Kafka et le Ponge étaient-ils des morceaux de Mathilde qui voleraient hors d'elle et qui seraient reliés à elle par des filaments sensibles, j'aurais pu faire avec ces livres dans mon sac tout le tour de la terre que ces filaments se seraient d'autant étirés, flottant dans l'air au milieu de toutes les vies, Mathilde continuant à y puiser une substance faite d'expériences et de rêves. C'est pour ça qu'il est impossible de voler des livres chez des gens, et terriblement meurtrier de les brûler.

On resta un moment sans trop savoir quoi se dire. Puis elle m'avoua qu'elle ne pensait pas me revoir.

– Je suis venue à tout hasard, dit-elle, comme essoufflée, pour moi, vous savez... lire ici ou ailleurs... c'est pareil... d'ailleurs... j'allais bientôt partir !

Puis Mathilde se pencha et tira de sous le banc un panier rempli de son linge à laver.

– Je suis une idiote ! ajouta-t-elle en posant les livres que je venais de lui rendre sur le dessus du linge. Vous m'en voulez ?

Je lui pris la main. On marcha jusqu'au pressing. Elle fourra deux draps dans une machine, fit de la monnaie au distributeur de pièces et tira une dose de lessive qu'elle mit dans le réservoir.

On s'assit dans un coin qui avait du soleil. Je regardais son cou où perlait la sueur. Je regardais ses genoux. J'imaginais ses cuisses mouillées. De ses deux mains elle glissa ses cheveux derrière ses oreilles. Sa mèche se partagea au milieu de son front. Elle me parlait du `Typhon de Joseph Conrad qu'elle venait de lire et qui, assurait-elle, me plairait. Des jeunes femmes sortaient des culottes et des corsages de leurs paniers, se penchaient et se relevaient dans la vapeur, elles dépliaient les linges sales et s'agitant de la sorte elles ajoutaient l'odeur de leurs dessous de bras brillants à l'odeur lourde de la lessive. Je posai ma main sur son genou. Elle sursauta. Regarda tout autour de nous. Puis elle se pencha et sortit le Savon du panier. C'était bien l'endroit ! Je l'embrassai dans le cou, lui caressai les seins et, comme elle ne me repoussait pas, je glissai ma main entre ses genoux, enfin je m'agenouillai devant elle et je relevai doucement sa jupe. Mathilde devint pivoine. Je devins blême mais personne ne pouvait me voir puisque j'étais caché sous sa jupe. J'imagine que ses yeux ne savaient où aller, partout son regard rencontrait celui des jeunes femmes qui lavaient leurs affaires en pouffant de rire. Elle ouvrit le livre, ses mains tremblaient, la peau de ses cuisses était mouillée de vapeur et de sueur, ses bras luisaient dans l'air gris-bleu traversé par du soleil et saturé d'eau, j'embrassai l'intérieur blanc de ses cuisses, il y avait entre ses jambes une lumière très douce tamisée par le tissu jaune. Mathilde paniquée lisait à haute voix, comme si sa voix forte avait pu nous dissimuler, *arrive un homme aux mains sales*, dit-elle, *alors le savon oublié va se livrer à lui. Non sans quelque coquetterie. Il s'enrobe de voiles chatoyants, irisés, et, en même temps, tend à s'éclipser, à s'enfuir.*

Elle s'arrêta de lire et serra ses cuisses, je sentis ses baisers tremblés sur mon crâne, elle se redressa, glissa à nouveau de ses deux mains ses cheveux derrière ses oreilles, s'appuya contre le mur laqué bleu et recommença à lire, sa respiration était profonde et rapide, *Point de pierre plus fuyante dans la nature. Mais alors le jeu justement consiste à le maintenir entre les doigts et à l'y agacer par l'addition d'une dose d'eau suffisante pour obtenir une bave volumineuse et nacrée*, elle inspira profondément, *tandis que si on le laissait séjourner dans l'eau, il y mourrait de confusion*... alors avec la langue je lui donnai du plaisir. Personne ne bougea! Mathilde avait raison, le livre de Ponge nous avait protégés, ça avait impressionné. Peut-être que sans lui on aurait eu les flics.

Mathilde reposa son livre. On se regarda, stupéfaits. La lumière était devenue rose dans la laverie et dans la rue. On se prit les mains. On resta immobiles jusqu'à la fin de la lessive, nos visages bien roses se reflétant sur le hublot bombé de la machine, avec derrière le linge blanc qui tournait dans l'eau savonneuse, les bulles faisaient dans les cheveux de Mathilde un diadème, on aurait dit une photo de jeunes mariés.

Il y eut un orage en milieu d'après-midi. Les eaux envahirent les rues. Créant des bouillons ocre et moussus à la sortie des égouts. On a couru jusque chez elle avec les draps mouillés dans le sac. On s'est déshabillés pour se sécher. On s'est couchés. Le jour passait à travers les rideaux tirés, un rai de soleil tombait sur nos habits, sur sa culotte bleue, sa robe jaune, sur mon costume vert olive, et faisait danser la poussière au centre de la pièce. J'ai vu Ponge sous mon slip et Kafka près de sa culotte. Puis je n'ai rien vu d'autre que Mathilde et ses seins blancs dans le soleil.

Quels jolis matins, c'est vrai, et quels beaux jours ! On faisait l'amour sans arrêt. Chez elle, un petit deux-pièces sous les toits avec une cuisine et une salle de bains, on faisait ça dans la chambre, dans la salle à manger, dans la cuisine, dans la salle de bains, on l'aurait fait sur le toit si on avait su y monter ! et aussi partout où nous nous trouvions, dans le parc du château à la tombée de la nuit, dans le square, on se caressait au cinéma, et aussi à son travail, dans un cagibi attenant à la salle de lecture de la bibliothèque municipale dont elle s'occupait.

La salle était grande, avec de hautes fenêtres qui donnaient d'un côté sur la rue et de l'autre sur le parking de la mairie. Les lecteurs s'installaient à des tables identiques à celles des écoles de village, avec leur plateau en bois verni vissé sur des tubes coudés de métal vert d'eau. Mathilde occupait un bureau près de l'entrée de la salle et la porte du cagibi s'ouvrait dans son dos. J'appelle cette pièce exiguë un cagibi mais le nom officiel en était la Source, parce que c'est là, à la Source, qu'on remisait les nouveaux arrivants neufs ou anciens avant de les répertorier, de les étiqueter et de les ranger sur les étagères qui occupaient tout l'espace central. C'est là aussi qu'on hospitalisait les livres abîmés pour les recoller, les scotcher, les coudre, les guérir de tous leurs maux de vieux livres. On les laissait quelque temps au repos, dans les odeurs de colle blanche et de protège-cahier plastique, pris dans des pinces à linge en bois avec leur petit ressort en fer, ils profitaient dans ce réduit tranquille d'une sorte de convalescence. Certains n'en ressortaient pas vivants. Certains sortaient de la Source les pieds devant!

Mathilde s'était installée à une table contre le mur près de son bureau, le menton dans la main, frappée par le soleil, rêveuse devant une pile de livres elle regardait le ciel et la campagne au loin que la lumière rendait étonnamment précise, on était capable de discerner la plupart des villages et même les fermes isolées, différencier les carrés cultivés des autres prés à vaches qui commençaient sitôt la ville finie. Mathilde se découpait au centre de cette toile, elle et tous ses livres, ses cheveux couverts de lumière et sa bouche resplendissante qui mangeait tout le soleil. De ses deux mains elle passa doucement ses cheveux derrière ses oreilles, incroyable l'effet que ça me faisait. J'avais encore son odeur dans mes muscles et si Mathilde se sentait si légère c'est que je m'étais alourdi d'elle. Je restai debout dans l'encadrement de la porte à l'observer, longtemps. Elle se remit au travail. Ouvrit le premier livre sur le dessus de la pile, le feuilleta, mit du soin à vérifier l'état de son dos ainsi que l'état des coutures intérieures, puis, doucement, elle le reposa. Sans faire le moindre bruit. Ça avait pas l'air tuant comme boulot, bibliothécaire. Je comptai cinq personnes en train de lire dans la grande salle claire et dispersées comme des îlots. En formation de lecture, en quelque sorte, un commando, avec dehors contre les vitres tout écrasés les bruits du monde; comme à l'assaut. Et le silence de la bibliothèque m'apparut imprenable. C'était l'endroit le plus peinard de toute la ville, franchement! Plus tranquille encore que les longs bords de l'eau ou les jardins du château, un endroit où personne n'avait l'air d'avoir quelque chose de plus sérieux à faire. Un abri, bien solide et visible, parfaitement officiel, sis dans les locaux mêmes de la mairie! Il suffisait de venir là pour qu'on vous autorisât à vous asseoir pour lire. Le luxe! Personne ne vous disait : il a pas de chez lui? il a pas de travail le monsieur? il a pas de chaise dans sa maison? il a pas de livres à lui? il a pas d'amis? il a pas de sous pour aller au cinéma? il a pas mieux à faire? il a pas de fiancée? J'allai m'asseoir à côté de Mathilde, silencieux moi aussi, comme un chat... Mathilde me regarda... je revenais de la lune... son menton se mit à trembler, je vis son cœur battre fort dans son corsage et moi je ne pensais qu'à ça... On resta un long moment sans savoir quoi dire. Je pris un livre dans mes mains, je tremblais un peu, c'était un bouquin sur Pompéi, quelle tragédie! un vieil ouvrage plein de petits bouts d'adhésif... coulées de lave minuscules... à l'échelle... il a fait la guerre celui-là! dis-je... Mathilde me regardait fixement toujours comme si j'étais un gars de la lune; Pompéi, dis-je, ils ont été surpris dans le sommeil, c'est ça? ils ont tous été recuits comme des statues, c'est pas ça? même les chiens, c'est ça? on a retrouvé des gens qui mangeaient la soupe à table, c'est ça? Rien de malin ne me venait... j'avais chaud au ventre... enfin Mathilde se pencha sur ma joue, je respirais dans ses cheveux; regarde, dit-elle, regarde là-bas, et elle me fit remarquer une jeune fille au fond de la salle, la jeune fille lisait un gros bouquin – de ceux qu'on n'a pas le droit d'emporter à la maison – devant un gobelet de thé tiré à la machine. La vapeur qui montait faisait trembler l'air devant ses yeux comme dans un mirage.

– Regarde l'inclinaison de sa nuque, me dit Mathilde à l'oreille, tout bas, ses lèvres touchaient ma peau, je sentis la pointe de sa langue, elle continua doucement et moi je lui caressais sa joue et son cou, regarde sa main gauche posée à plat sur la marge du livre ouvert, regarde bien son autre main tourner une mèche de ses cheveux, ses jambes sont croisées, la pointe de son pied droit bat lentement et régulièrement la mesure, métronome de sa lecture, as-tu remarqué ?... ses lèvres mouillaient ma peau, ça me faisait du vent tiède, je retenais ma respiration pour entendre la sienne et ça me foutait un peu la trouille tous ces mots, c'était compliqué ce bonheur d'un coup à cet endroit... Regarde bien la jeune fille, continua Mathilde, je sentis sa main sous ma chemise, sur mon ventre, je caressai l'intérieur chaud de sa cuisse, observe comment elle tourne la page, pendant deux ou trois secondes elle ne lit plus et son pied ne bat plus, tout son corps lit et quand elle cesse de lire son corps entier cesse de lire, regarde ! elle glissa sa main dans mon pantalon, regarde comme un soupir accompagne cette rupture ! tu as vu ? pendant ces secondes où elle ne lit plus elle ne respire plus, alors je glissai ma main loin sous sa jupe, Mathilde ferma les yeux, elle continua son cours, il y a pendant cette suspension, dit-elle, comme une phase d'apnée... la tête sort du livre... la lectrice change d'élément de façon passagère et... plutôt que de s'y réacclimater car cela prend quelque temps... le temps de redécouvrir la salle, les nouveaux venus, l'heure qui avance... la lumière du dehors qui a changé, la pluie peut-être, le vent qui s'est levé et pousse les nuages hors la ville... elle préfère arrêter de respirer pour ne pas changer d'air, pour rester dans l'air du livre; regarde! elle replonge doucement... elle recommence à battre la mesure et joue de nouveau avec ses cheveux, ses paupières descendent et remontent lentement, font un noir, qu'il faudrait ajouter à la gamme des ponctuations, mis bout à bout ces noirs de lecture, au bout d'une vie, font une nuit, imagine cette nuit mon amour faite de millions de battements assemblés...

Mathilde me tira par la main vers le réduit de la Source et pour la première fois cet après-midi-là, sa culotte et mon slip accrochés aux étoiles, on s'aima comme des dingues au milieu des bouquins. C'était vraiment un chouette boulot, bibliothécaire!

Chaque fois que me prenait l'envie de Mathilde, je ne travaillais pas encore et j'avais tout le temps envie! je filais à la bibliothèque et là, debout devant son petit bureau, je jouais le lecteur avide et impatient, l'esprit goulu, je ramenais un livre que j'avais lu la veille.
— Vous avez aimé? demandait Mathilde.
— Ce que je préfère, c'est quand la fille enlève sa culotte, quel passage formidable!
— Ah... je ne crois pas que ce soit dans ce livre, monsieur, et ses joues rosissaient.
— Mais si! La jeune fille monte sur le toit et enlève sa culotte qu'elle jette dans la lumière du soleil.
— Vous confondez, monsieur.
— Vous avez raison... c'est peut-être à la lumière de la lune.

Alors avec Mathilde on passait dans le cagibi! Que de livres j'ai empruntés! Que de livres j'ai ramenés à la bibliothèque municipale avec le coin déchiré qu'on s'empressait de réparer !

– Ah ! là là ! quel dommage, monsieur ! un si joli livre... vite ! il ne faut pas que la déchirure empire, disait Mathilde en souriant et son sourire, au-dessus de ses fiches et de sa petite plante verte, était un soleil !

– Sale blessure.

Et elle prenait une petite voix.

– Je t'aime.

Depuis, chaque livre abîmé me fait penser à elle, à ses fesses blanches dans les livres recollés. Chaque papier plié me fait penser au fin trait rose que laissait son soutien-gorge sur la peau de son épaule. On passait derrière. Elle enlevait sa culotte et la jetait dans les bouquins, on se léchait ! on se dévorait ! elle s'asseyait sur la tablette, je baissais mon pantalon et on fichait tout en l'air ! À chacun de mes coups de reins ses pieds faisaient valser des piles de livres ! On se laissait tomber dans la paperasse ! Je voyais passer des vieilles fiches d'abonnés...

Noémie Lagardère, jeudi quinze avril, Swift, les Voyages de Gulliver.

Antonin Titout, mercredi vingt-huit septembre, Hervé Bazin, Vipère au poing.

Huguette Ange Fournel, lundi huit février, Saint-Exupéry, le Petit Prince.

Aline Mogat, mercredi vingt-quatre avril, Jules Renard, Poil de carotte...

... écrit à l'encre noire pour le nom, rouge pour la date et verte pour le titre du livre, de sa main. Comme ça, j'appris des noms d'auteurs. Colette qui avait écrit Dialogues de bêtes et Nietzsche qui avait écrit la Naissance de la tragédie. Vincenot avait écrit le Pape des escargots et Eugène Sue les Mystères de Paris.

Tous ces gens qui avaient écrit des livres nous faisaient un lit de leurs fiches entrée-sortie.

Moi, c'est le danger qui me faisait bander mais Mathilde, en plus du danger d'être surprise par sa chef dans le petit local de la Source à moitié nue, en plus de ce risque majeur, c'est la présence je crois de tous ces noms illustres et de tous ces ouvrages en convalescence, comme dans des lits! faibles! mais l'œil grand ouvert comme de beaux dégueulasses vieillards! fallait voir le vieux Léautaud recollé! et le Beckett! lui d'ailleurs ne s'en est jamais vraiment remis, Mathilde l'avait fait exploser en posant dessus son sexe mouillé et on remit les pages un peu comme ça! à tous ces livres fatigués elle redonnait de la vie, sa vie, en leur offrant l'image de son remarquable cul qu'elle faisait aller et venir entre les cartons de livres, m'avalant et me recrachant, me serrant en elle comme un long coupe-papier, c'est ça qui l'excitait terriblement et la mettait dans cet état.

Je découvris Aragon, en décollant de sur les fesses de Mathilde les Yeux d'Elsa. Je découvris Edmond Rostand, alors que la lumière jaune de l'ampoule électrique jetait sur Cyrano de Bergerac l'ombre de mon sexe dressé, c'est un roc!... c'est un pic!... c'est un cap!... Que dis-je, c'est une péninsule! De quoi sert cette oblongue capsule? D'écritoire, monsieur, ou de boîte à ciseaux? Les lecteurs tranquilles devaient entendre depuis leur place de terribles bruits! Comme deux souris monstrueuses en train de grignoter dans le buffet...

Une dame, jeune mais déjà sévère, ramena un jour le livre que sa fille Chloé avait emprunté la semaine passée, elle les lisait avant elle, c'est l'habitude, dit-elle, pour savoir ce que sa fille lirait, elle posa les Rêveries du promeneur solitaire de

Jean-Jacques Rousseau sur le bureau de Mathilde et l'ouvrit dans la troisième promenade, puis elle montra du bout de son doigt tendu un poil noir et frisé.

– C'est quoi cette chose ?

Bien sûr que c'était un poil de cul ! La dame l'avait fixé avec un petit bout de scotch pour qu'il ne tombât pas du livre avant qu'elle eût fait ses remontrances. Mathilde rougit bien sûr en voyant le poil collé sur une phrase de Jean-Jacques Rousseau, virgule que n'avait pas prévue l'auteur, la phrase disait, Né dans une famille où régnaient les mœurs et la piété, élevé ensuite avec douceur chez un ministre plein de sagesse et de religion, j'avais reçu dès ma plus tendre enfance des principes, des maximes, d'autres diraient des préjugés, qui ne m'ont jamais tout à fait abandonné. Les Rêveries du promeneur solitaire de Jean-Jacques Rousseau s'étaient enrichies d'un poil de ponctuation pubien, collé entre ministre, plus loin, plein de sagesse et de religion, ce qui faisait lire : élevé ensuite avec douceur chez un ministre – poil de cul – plein de sagesse et de religion, j'avais reçu dès ma plus tendre enfance des principes, etc., ce qui changeait le sens de la phrase car cette sagesse et cette religion qui avaient dans le texte originel empli le ministre se mettaient maintenant et grâce au poil de cul à emplir Jean-Jacques Rousseau lui-même, par la magie de la langue et les finesses de sa ponctuation. On lisait alors dans la version augmentée – ce que la dame jeune mais sévère avait donc lu : Né dans une famille où régnaient les mœurs et la piété, élevé ensuite avec douceur chez un ministre, plein de sagesse et de religion, j'avais reçu dès ma plus tendre enfance des principes, des maximes, d'autres diraient des préjugés, qui ne

41

m'ont jamais tout à fait abandonné. La dame jeune mais sévère avait eu raison de râler, car il n'était pas bon d'imaginer un Jean-Jacques Rousseau qui aurait été dès sa plus tendre enfance plein de sagesse et de religion !

La dame abandonna le livre sur le bureau, demanda la fiche d'abonnement de sa fille Chloé, la déchira, et ne revint plus. On ne revit plus non plus la jeune Chloé, le double de sa fiche disait qu'elle avait emprunté dernièrement l'Écume des jours de Boris Vian, les Clefs du royaume de Cronin et le Grand Meaulnes d'Alain-Fournier. Les Rêveries du promeneur solitaire, elle les aurait aimées. Peut-être aurait-elle adoré y découvrir un poil ? Peut-être aurait-elle cru en une présence physique du beau Jean-Jacques Rousseau ? Peut-être enfin se serait-elle endormie chaque soir de sa jolie vie, les Rêveries du promeneur solitaire posées sur l'oreiller près de sa joue, excitée en pensant à ce poil glissé dans le livre et tombé des fesses musclées par la marche de Jean-Jacques Rousseau parce que, depuis quelques jours déjà – elle en avait parlé à sa meilleure copine ! – elle croyait que Jean-Jacques Rousseau l'avait choisie et qu'il l'aimait et que c'était leur secret ? Peut-être à cause de sa mère jeune mais sévère, la gamine était-elle passée à côté de l'amour ?

Elle allait travailler bientôt dans une grande surface. On la rencontra un samedi au rayon des viandes. Les yeux bleus maquillés. La bouche framboise. Elle portait une blouse blanche avec brodé sur la poche le nom du magasin. Un serre-tête blanc tirait ses cheveux vers l'arrière.

– Alors, lui dit Mathilde, on ne te voit plus...
– Si vous croyez que j'ai le temps ! avec tout le travail que j'ai ! de lire des choses !

Alors que Mathilde et moi on s'éloignait, on la vit inscrire sur un grand panneau, avec des jolies lettres, au feutre rouge à large pointe pour qu'on puisse lire l'annonce depuis le bout de l'allée centrale... aujourd'hui : Chateaubriand.

Mathilde, qui ne laissait rien passer, me dit dans l'oreille :

– Mémoires d'outre-tombe.

Et le surlendemain je filai à la bibliothèque municipale demander à Mathilde les Mémoires d'outre-tombe ! Et nous passions à la Source pour nous aimer dans les bouquins.

C'était comme ça notre vie à ce moment-là. Une sorte de bonheur total. Le dimanche on restait au lit jusqu'à midi et je posais ma tête sur son ventre pendant que Mathilde lisait à haute voix des romans d'aventures. J'entendais les mots résonner à l'intérieur d'elle et sortir d'elle comme si les aventures racontées s'étaient passées en elle. Plusieurs matinées du dimanche elle me lut l'Île au trésor. Son ventre plein de la mer montait et descendait sous ma joue, j'entendais comme le vent ses respirations transporter les cris des matelots. Mathilde était une houle. Il me suffisait de fermer les yeux pour être sur la mer à bord de l'*Hispaniola*. C'était facile pour moi de voyager sans lire et sans bouger, passager de son ventre, allongé dans le soleil qui venait du toit, le vasistas découpait dans la lumière du dehors un carré qui nous allait juste, qu'il passait autour de nos corps, nus et libres par-dessus les draps. Mathilde accompagnait les lumières. Dans l'après-midi elle allait s'asseoir dans la cuisine. Je la suivais. Elle s'installait sur une chaise et lisait toujours à haute voix Queneau ou Cicéron. Avec ses hanches larges, sa petite taille, ses seins lourds et laiteux, son long cou, ses mains fines, elle était faite pour la lecture! Ses fesses larges lui donnaient une assise confortable. Elle se tenait les genoux serrés, bien droite, couverte de soleil dans sa nudité. Souvent elle ramenait ses cheveux derrière ses oreilles, toujours la mèche sur son front se séparait dans le milieu, ses seins tremblaient légèrement et l'ombre du livre passait sur ses cuisses blanches comme l'ombre d'un grand oiseau, puis elle ramenait les coudes le long de son corps, alors le soleil à nouveau lâché coulait sur son ventre et se prenait dans ses poils. Quand elle allait faire pipi, je la suivais encore, je la regardais lire assise sur la lunette. Puis Mathilde revenait lire dans la lumière de l'une ou de l'autre fenêtre, comme ça jusqu'au soir. On mangeait. On allumait les lumières. Les papillons de nuit s'y mettaient. Cognaient l'ampoule. Tombaient sur les pages. Top top top. Leurs ailes battaient le papier. Ils repartaient. Vieilles âmes errantes qui ne trouvaient jamais le repos. C'était sans doute leur punition que de ne pouvoir lire durant ces longues heures à tuer! Nuits interminables! Quand nous faisions l'amour, ils nous tombaient sur le dos. J'en sentais un parfois qui me chatouillait entre les omoplates, il me glissait dessus en tapant des ailes, jusqu'à la raie du cul.

— Qu'est-ce qu'ils ont fait de si grave, se demandait Mathilde, qu'on leur donne des yeux faits pour être brûlés?

— J'ai un papillon qui me vole dans la raie du cul, dis-je, pourquoi lui? Pourquoi les autres papillons volent-ils sur les fleurs?

Nous étions comme ça, tous les deux avec Mathilde. Nous ne posions pas les mêmes questions. Avec mes questions à la con, je la faisais rire ! Elle ouvrait grande sa bouche et je fourrais ma langue dedans ! Et on se refaisait l'amour ! On s'envolait ! Elle et moi, tour à tour papillons des fleurs et papillons du cul ! On se reposait sur les draps en bataille. On repliait les trompes. Mathilde reprenait tranquillement son livre. Je reprenais tranquillement le mien. Elle lisait. Je faisais semblant de lire. Elle s'intéressait. Je faisais semblant de comprendre. Elle aimait. Je faisais semblant d'apprécier. Ce que j'aimais, c'était elle, à poil, en train de lire ! Elle à poil et ses livres bien couverts ! Quant à la lecture, moi ?

Je me voyais lire et je me trouvais l'air con, pour tout dire, immobile sur mes fesses, alors que tout, autour de moi, semblait bouger. Sur une chaise ? Mais qu'est-ce que je faisais là ? Sur un banc dehors ? Mais qu'est-ce que je faisais là ? Au bord de l'eau ? Mais qu'est-ce que j'attendais là ? On dit de la lecture qu'elle est un grand voyage immobile et justement c'est ça qui me faisait dormir ! Le voyage immobile ! Comment Mathilde faisait-elle pour être si belle et si concentrée à la fois ? Son corps qui aurait dû la sortir du livre et la faire trépigner d'impatience à vivre l'y emmenait ! L'immobilisait des heures ! Tant mieux pour moi – qui pouvais la regarder autant que je le voulais – mais moi, mon corps, le mien ? Il me passait devant le livre comme un malpoli au cinéma ! À se lever, s'asseoir, se tourner, se gratter, se relever, se rasseoir, tousser – déjà j'ai toujours eu des bras trop grands et les bras trop grands pour lire c'est un handicap, comme les grands pieds pour la danse, c'est papa qui disait ça. Du coup, mes yeux tombaient des pages et je me regardais les genoux ! Passionnants genoux tout d'un coup ! Mes yeux sortaient des pages et je voyais ma main qui les tenait, ou le rebord des draps si nous lisions au lit, ou mes doigts de pied qui bougeaient là-bas au loin, ou l'armoire ou la fenêtre ou la ville ou l'espace infini ! Je sentais le livre reculer, lentement s'éloigner pour disparaître tout à fait dans le ciel plein d'étoiles comme le point blanc sur une vieille télé qui s'éteint. Comment pouvait-elle oublier si facilement le ciel et la terre et son corps ? Quand je lisais, je n'oubliais ni le plafond, ni les fleurs du papier, ni un moustique qui passait, ni le vent dans les arbres, ni l'heure du repas, ni le prix de l'essence, ni même celui du fuel car le fuel avait augmenté. Je n'oubliais jamais rien ! Je pensais à tout en même temps ! Sauf à ce que l'auteur racontait dans son livre. Il m'arrivait de sursauter en me demandant, mais qu'est-ce qu'il raconte ? Je l'ai lu ce passage ? Je ne l'ai pas lu ? Mais si ! Mais non ! Et lui c'est qui ? Le père ? Ah bon ! première nouvelle... Et elle c'est qui ? Sa fille au moustachu ? Ah bon ! La fille de Stéphane Trophimovitch ou bien la sœur de Nicolaï Vsévolodovitch Stavroguine ? Et que vient faire là Lisavéta Nicolaïevna ? D'où sort cet Aliocha Téliatnikov ? À chaque passage d'un bus j'avais la page à recommencer ! Dostoïevski se faisait rouler dessus par le bus et je n'y pouvais rien parce que ma tête se passionnait d'abord pour les transports urbains. Il passe souvent ce bus ? La municipalité aurait-elle rajouté des navettes le soir ? Combien ? Quel était le syndicat majoritaire chez les traminots ? Je rassemblais pourtant toutes mes forces pour la lecture ! Une ligne de bus ! Une ligne de texte ! Comment faire pour se concentrer ? Comment respirer pour faire le vide ? Par la bouche ou par le nez ? Ou bien fallait-il ne pas respirer du tout ? Inspirer au début de la phrase et retenir son souffle jusqu'au point, et si le premier point se trouvait déjà là tout près du début de la phrase comme chez Duras, alors fallait-il se retenir jusqu'au point d'après, ou jusqu'au point encore après et expirer sur lui, fuuuuuu, inspirer à nouveau, uuuuuuuuf, et recommencer comme ça de point en point. Comment respirer Léautaud ? Thomas Bernhard ou Karen Blixen ? Comment respirer Anatole France ou Henri Vincenot ? Paul Valéry ? Steinbeck ? Flaubert ? Parise ou Balzac ? Je plissais le front. Rétrécissais mon champ de vision en tirant les paupières. Serrais les lèvres mais sans serrer les dents. Je suis sûr que mes oreilles bougeaient ! C'était affligeant ! Mais elle ? Mathilde ? Comment respirait-elle ? Elle ne respirait pas ! Ou si peu ! À peine si j'entendais le filet d'air qui la nourrissait. Tirait-elle son oxygène des mots eux-mêmes ? Où plongeait-elle quand elle lisait ? Dans quel océan ? miraculeux ! Mais moi je restais comme ça le livre vide dans les mains. Je sentais Mathilde se retourner vers moi et me regarder, amoureuse.

– C'est bien ? me demandait-elle. Ça te plaît ?
– Oui oui c'est bien j'aime bien !

Et je replongeais dans le petit bain de ma lecture qui n'avait pas d'eau. En fait, je ne pouvais rester immobile à lire que lorsque je faisais semblant de lire ! Parce que là, je le sentais dans mes muscles que je faisais quelque chose puisque je faisais semblant. Une sorte d'action de camouflage qui me rappelait l'armée. De toute façon, avais-je le choix ? Comment passer du temps à lire et faire plaisir à Mathilde alors que mes propres yeux me trahissaient ? C'était pour lui offrir cette image d'un lecteur attentif que je faisais ça, sinon, ç'aurait été pour moi seul, je n'aurais même pas fait semblant ! J'aurais ronflé comme un gros ! Si je faisais semblant, c'était par amour !

Le balayage des yeux sur la ligne, quelques mouvements des lèvres mais pas trop, toutes les trois pages un sourire, un acquiescement de la tête ou au contraire une révolte soufflée soupirée contre une idée fausse ou maladroitement exprimée, il fallait tourner les pages de façon régulière et dans un temps crédible, parfois il fallait aussi quitter la page, lever les yeux et poser sur le monde alentour un regard bienveillant, regard qu'il était facile de faire passer pour bienveillant d'aspect puisqu'il était plein de sommeil et que ce voile de sommeil donnait à l'œil ce vitré du rêveur, il fallait aussi savoir râler contre les bruits ou le vent qui tournait les pages à sa propre vitesse si nous lisions dans un pré, il fallait enfin, après avoir refermé le livre, se laisser une minute de rêverie encore, et d'oisiveté bonhomme. Tout un art délicat qui à sa façon célébrait le respect des livres et l'amour du beau papier ! Le bonheur de la somnolence avec un bon Balzac dans les mains ! En pensant à des crêpes, par exemple. Ou au dernier gagnant du Loto – quinze milliards, le salaud ! De toute façon, Balzac, c'est bien. Tout le monde dit ça. Pourquoi tout relire ? Moi, Balzac, j'ai toujours eu confiance. C'était un très grand professionnel ! Peut-être le plus grand ! Le plus grand même, allez !

Je me souviens de longues séances de semblant au bord de l'eau, près d'un pêcheur qui ne cessait d'avoir des touches. Je voyais son bouchon partir d'un œil tandis que de l'autre œil j'étais censé voler de nuit avec Saint-Exupéry ! Moi qui adore la pêche, bien sûr Saint-Ex volait tout seul. Il avait ce jour-là sorti une belle brème, un sandre et un petit brochet qui ne faisait pas la taille et qu'il n'avait pas remis à l'eau. Passons. Mais la fois suivante, quand je le revis s'installer pour pêcher entre les deux saules, cette image du brocheton me revint en tête. Je lisais d'un œil les Voyages de Gulliver. Le pêcheur sortit de l'eau un autre brocheton, toujours aussi peu réglementaire et qu'il ne remit pas à l'eau mais plongea fièrement dans sa grosse bourriche ! Le salaud ! Je refermai le livre. Puis je me laissai, comme prévu, quelques secondes de rêverie et d'oisiveté bonhomme pour le paraître, puis j'allai le voir.

– Il a pas la taille votre brochet !

Il regarda le livre que je tenais dans la main.

– C'est comme votre Gulliver, me dit-il, il a pas la taille non plus !

Un abîme s'ouvrit et pour la première fois je compris que le livre que j'avais dans les mains, celui-là ou un autre bien sûr, n'importe quel livre, pouvait très vite devenir mon ennemi ! Alors que je ne l'avais même pas lu ! Je revins m'asseoir près de Mathilde. Je rouvris mon Gulliver qui n'avait pas sa taille réglementaire – mentalement je l'avais remis à l'eau – et, tout en faisant semblant de lire, je me dis qu'il me faudrait peut-être arrêter de faire semblant de lire n'importe quel roman à n'importe quel endroit. Il ne suffisait pas d'exposer aux yeux de tous des livres non lus, encore fallait-il ne pas lire les bons !

Je revins le lendemain avec Balzac, le Curé de Tours, eh bien, il le remit à l'eau son brocheton non réglementaire ! le mot curé l'avait frappé. C'est pour ça, je le répète, Balzac, pour moi, est le plus grand !

Je me glissai Baudelaire dans la ceinture, là où d'autres glissent leur portefeuille. Avec Shakespeare dans la poche arrière et Gogol dans la poche droite de la veste, toujours Balzac dans la poche de gauche, il y a eu des jours comme ça où vraiment j'étais armé! On aurait dit une de ces petites camionnettes qui passent dans les villages en klaxonnant, un bibliobus! J'allais devenir, par amour pour Mathilde, un bibliocon!

Papa ne se doutait de rien. Je n'avais pas osé lui parler de Mathilde.
– Il n'y aura jamais qu'une femme dans cette maison, répétait-il, c'est maman!

Cette première nuit du jeudi où j'avais couché chez Mathilde, papa m'avait attendu pour manger, il avait acheté un poulet cuit et il avait fini par s'endormir dans le fauteuil, la lumière bleue des Encyclopédies allumée dans son dos, le poulet refroidi au centre de la table près d'un paquet de chips qu'il avait ouvert et commencé à grignoter. Le matin du vendredi, j'avais poussé Kafka, j'avais sauté dans mon slip, j'avais accompagné Mathilde à son travail, on ne s'était presque rien dit en marchant mais tout nous faisait rire – le ciel, le soleil, mon costume olive –, on s'était séparés dans une petite rue derrière la bibliothèque qu'on ne nous vît pas nous embrasser, on n'arrivait pas à se quitter, on s'était juré de se revoir, et de se revoir, et de se revoir encore, Mathilde m'avait dit qu'elle ne savait pas si elle m'aimait mais qu'elle sentait qu'elle m'aimait et que finalement si pourquoi se le cacher plus longtemps c'était sûr elle m'aimait, jamais elle n'avait ressenti cela.
– Moi idem, lui dis-je dans une langue un peu sèche mais je ne connaissais pas les mots.

Et j'étais rentré à la maison pour rassurer papa. Il m'avait laissé un petit mot sur la table: Rejoins-moi au marché, signé papa. Il avait laissé la lumière bleue allumée sur les Encyclopédies, elle disait une présence, peut-être que le fantôme de maman lisait installé dans son fauteuil. Ça faisait une lumière avec quelque chose de pas tout à fait ordinaire dedans, pareille à la flamme qu'on laisse allumée dans les églises pour dire que l'amour est là. Je n'osai pas l'éteindre. L'air sentait la Pall Mall. Je mangeai un bout de poulet en pensant à Mathilde. Je repartis.

Papa louait un emplacement sur les marchés de la région – d'une largeur de trois cageots – pour y vendre les légumes et les fruits de son potager, ça remettait au bout de sa pension d'ancien combattant de l'Indochine. À la mort de maman il avait tout lâché – alors qu'il faisait une levée de fonds dans un grand magasin il sortit son arme de service et se mit le canon dans la bouche de désespoir sous le regard effaré des clients et des caissières – et puis il s'était reconverti là-dedans. Je le trouvai sous la halle devant un cageot de tomates, des melons, des fleurs jaunes à gros pétales, de l'ail fumé, du persil, des poireaux, des échalotes et une bassine de pommes de terre. Son étal était minuscule mais c'est lui qui gueulait le plus fort, on aurait dit un grillon dans une soute d'avion, ça m'était arrivé une fois de sauter avec un grillon dans le ventral, fallait-il qu'il gueule fort le grillon pour qu'une bande de paras rebaptisent l'avion le Grillon, eh bien, la voix de papa résonnait pareil sous l'immense charpente et le toit pointu avec au bout le clocheton et l'horloge, il était onze heures moins le quart quand j'arrivai devant ses fleurs.

– Elles sont belles mes tomates et mon ail il est beau ! Elles sont belles mes échalotes et ils sont sucrés mes melons ! Allez-y on va dessus ! À midi il en reste plus !

Quand il me vit il rougit un peu, le bout de ses oreilles prit la couleur des crêtes des coqs suspendus pattes en l'air de l'autre côté de l'allée. Puis il enchaîna :

– Elles sont belles mes tomates et il est beau mon fils ! Elles sont belles mes échalotes et il est beau mon fils ! Allez-y, les jeunes filles, allez-y on va dessus !

Avec des gestes vifs il ramena en les faisant rouler des tomates sur le haut de la pile et il m'en tendit une, bien rouge, avec un tout petit peu de vert d'un côté, je mordis dedans, je me mis du jus partout, et ce jus de tomate tiède, chauffé dans une bande de soleil qui tombait depuis le clocheton, avant de rien dire, je lui en mis plein ses joues à lui en l'embrassant. On s'était bénis à notre façon !

Le marché grouillait de monde. Les gens se croisaient entre les dunes de melons, de fleurs et de tomates. Les yeux de papa brillaient.

– On va boire un coup ?

Il m'entraîna boire un coup de blanc. On passa devant son copain qui vendait des livres d'occasion, un gros bonhomme en gilet de chasse avec un gros ventre et des points bleus tatoués près des yeux et sur les doigts, lui aussi avait fait l'Indochine, ils s'étaient connus là-bas. On s'arrêta et je lui serrai la main par-dessus tous ses livres mis en vrac sur une longue planche et des tréteaux, vieux bouquins fatigués qu'il récupérait dans les vieilles granges ou les greniers pour les revendre rien du tout sur les marchés. Comment vivait-il ? Peut-être qu'il volait les économies des vieilles personnes ? Ou les chaudrons de cuivre ? C'était très prisé par les Parisiens qui mettaient des fleurs dedans ! Il était le seul homme que je connaisse à avoir sa mère en prison. Sa mère avait tué son père d'un coup de fusil de chasse. Il avait sur sa main droite tatoué un clocher d'église, et sous le clocher se déroulait un petit ruban sur lequel était écrit Saint-Émilion, comme s'il s'était tatoué une étiquette de vin qu'il aurait trouvée jolie.

— C'est mon gamin, dit papa, tout fier, en posant sa main sur mon épaule, tu te souviens bien de mon fils, Martial ?

— Un peu que je me souviens de lui, répondit le gros bonhomme, et je vis dans son œil bleuté, délavé par l'alcool, qu'il se souvenait vraiment de moi.

Son gros œil que le soleil faisait cligner me fixait avec beaucoup de douceur. Un peu comme les vaches qui vous regardent, leur grosse tête par-dessus les piquets, et on n'ose plus les manger. Il avait la carrure et la peau tannée des ferrailleurs, pourtant il vendait du papier.

— Et toi, mon gars, tu te souviens ou pas de moi ? me demanda-t-il en lâchant ma main qu'il avait serrée avec une drôle de délicatesse alors qu'on pouvait s'attendre à se la faire broyer, ce bonhomme, c'était une pelleteuse à ramasser les girolles.

Si je m'en souvenais ? C'est lui qui m'avait donné l'Enfer vert du delta de l'Orénoque, un grand livre plein de photos de jeunes filles nues en train d'accrocher des filets de pêche sur des branches, on voyait tout le devant et tout le derrière des filles, ou bien elles étaient assises autour d'un feu avec auprès d'elles des hommes nus, le pénis enfoncé dans un bout de tuyau d'arrosage, et aussi des vieilles femmes avec les nichons qui leur pendaient sur les genoux, un peu que je me souvenais de lui !

— Je me souviens même la couleur du tuyau à bite, c'était orange ! L'Enfer vert du delta de l'Orénoque !

Il éclata de rire. Je crois qu'il était ému que je me souvienne de lui et de ça. J'avais douze ans. C'était un sacré beau cadeau ! Qu'est-ce que j'avais fait de ce livre ? Je jetai un coup d'œil sur l'étal.

– Tu peux fouiller, gamin, dit-il avant d'aller servir une cliente, je reviens...

Mon livre n'y était pas. Mais je trouvai le Corps au soleil, un livre plein d'images sur la pratique du naturisme – ça m'aurait plu à l'époque ! –, on y voyait des familles entièrement nues jouer au ballon, une maman toute nue éplucher des radis devant la porte d'une caravane ovale, un papa jouant aux boules avec d'autres papas cul nu et des jeunes filles blondes passant toutes nues à vélo sur une petite route bordée de genêts et de pins. Les peaux étaient bien roses. Le ciel bleu et les arbres verts. Il vendait ça un franc. C'était donné. Il y avait de tout sur ses tréteaux. Léonard de Vinci, un traité de la peinture. La Pêche au vif. L'Encyclopédie du jardinier. Les Palais de Venise. Les Animaux d'Europe. Le Grand Périple du chocolat. Le Jazz. La Pratique du vélo. Le Judo. Le Twist. Les Volcans du monde sous-titrés Les colères de la terre. Les Mystères de Mars. La Pomme de terre. Le Bon Médecin. L'Histoire monumentale de la France par Anthyme Saint-Paul reliée de cuir bleu et frappée du blason de la ville de Paris, prix municipal de dessin, les Curiosités animales de Maurice Burton recouvertes de papier cristal, le Malade imaginaire, Andromaque, les Femmes savantes, Police des mœurs, Erotica, la Fiancée du désert, les Plaideurs avec la tête de Racine décorée de moustaches à l'encre violette, la Bible, l'Auberge du vice et tout un tas de petits livres, des romans illustrés, tels que Mimi Bigoudis par Charles-Henry Hirsch, la Bourrine, le Jeune Homme au masque d'Edmond Jaloux de l'Académie française, les Nouvelles Leçons d'amour dans un parc, Graine au vent, l'Infirme aux mains de lumière ou le Beau Baiser, tous livres illustrés et qui contenaient parfois des fleurs séchées, des mots écrits dans la marge, comme le nom de leur propriétaire ou des petits mots d'amour, parfois aussi s'en échappait une image publicitaire pour le chocolat Suchard ou le pain d'épice Gringoire.

Tous ces livres sentaient le papier moisi et la poussière des maisons, au milieu de la grande halle qui sentait les melons et le thym. Tous ces livres sentaient les choses oubliées. Il y a des gens qui ont cette odeur. Les vieilles personnes sur les bancs. Ou les gens qui ont trop dormi, qui ont laissé passer trop de soleil sur leur sommeil. Je crois bien que papa sentait comme ça. Je me tournai vers lui. Papa ne savait pas quoi dire ni quoi faire de ses doigts en attendant qu'on aille boire un coup de blanc, alors il feuilletait un petit livre. J'étais frappé par cette odeur de l'oubli qui formait un nuage douceâtre autour de nous.

– Tu m'en veux pour hier soir et le poulet ?

Papa parcourait le petit livre qui sentait les poussières, c'était un ouvrage qui datait de la guerre, c'était la Paresse intestinale par le Docteur Pierre Mathy aux Éditions contemporaines préfacée par le Docteur Henry Dorval.

– Que non ! répondit papa sans lever les yeux de son petit livre jaune et gris, tu sais, je suis fatigué en ce moment, t'as bien fait d'aller t'amuser dehors...

Papa tenait son livre du bout des doigts, mis mal à l'aise par cet objet qui avait traîné chez les gens. Un joli dessin des intestins le tira de sa gêne, c'était un beau livre en fait, puisqu'il y avait des dessins sur les pages. Il me le montra.

— Y a des dessins scientifiques en plus... eh ben...
Il admira encore l'intestin colorié. Il réfléchit un temps.
— C'est incroyable comment on est faits dedans...
— Ça sert à digérer.
— Je sais, je suis pas plus bête que tu crois...
Le gros bonhomme traînait avec sa cliente, une dame pâle en tablier avec tout plein de marmots.
— Je voudrais des histoires d'amour qui finissent bien et qui ne sont pas de notre époque, s'il vous plaît.
Le gros bonhomme se mit à remuer doucement pour elle des piles de papier jaune à la recherche d'un titre.
— J'en ai, je sais j'en ai, ça commence par un nom de marquise ou par un nom de fleur.
— C'est ça, dit la dame, de marquise ou de fleur...
— De l'amour d'avant...
— J'aime bien lire ça après ma vaisselle.
— De marquise ou de fleur...
— Oui c'est ça, monsieur, de marquise ou de fleur...
Papa regarda longtemps le petit livre sur la paresse intestinale du Docteur Pierre Mathy – à quoi pensait-il ? –, le temps pour la dame pâle en tablier de s'acheter la Marquise aux coquelicots et de s'éloigner avec tous ses gamins accrochés au panier. Puis papa referma le livre et demanda à son copain :
— C'est bien ça pour la lecture ?
— Il en faut pour tous les goûts.
— C'est quel goût celui-là ?
— Le goût médical.
— Comme ta mère, dit-il en me regardant dans les yeux.

– Maman aimait les encyclopédies.
– Et le médical ! reprit-il, plein de respect dans la voix, et le médical aussi !

Il le feuilleta encore un peu, le referma, puis il se gratta le menton.

– Je le prends.
– Eh ben, ça s'arrose ! dit le gros bonhomme.

On alla boire un coup. Trois petits verres de blanc. Papa posa son petit livre entre les verres.

– Il sera bien dans les cabinets, dit-il d'un air entendu à son gros copain qui le regardait d'au-dessus.

– C'est sa place, dit le gros bonhomme.

C'est la première fois que je voyais papa s'acheter un livre. Les Encyclopédies nous avaient été livrées, c'était différent. On recevait le Digest par la poste, c'était aussi différent. Je m'en rendais compte maintenant, devant mon verre de blanc ; j'avais vu papa acheter à peu près tout ce qui s'achète en un, deux ou cent exemplaires, mais jamais je ne l'avais vu acheter un livre ! Ce geste, de mettre la main à la poche pour sortir les sous et partir avec le livre. Marcher dans la rue comme on marche avec un pain, mais seulement avec le pain je l'avais vu des milliers de fois alors qu'avec un livre jamais ! Pourquoi ce jour-là ? Quand on avait traversé la place devant la halle en direction du café du Marché, il marchait un peu raide, le bras tendu, qu'il ne balançait pas tandis qu'il balançait normalement son autre bras, ce petit livre de quelques grammes lui pesait au bout du poignet et lui faisait la nuque raide, déjà qu'il boitait un peu des suites de sa blessure, avec son livre, papa faisait pour le coup l'effet d'un grand handicapé ! Et déjà – il n'y avait que trente mètres à parcourir – il fut bien content de poser son acquisition sur le comptoir. On ne lui demandait tout de même pas de marcher en jupe et hauts talons ! Presque ! Et maintenant papa n'arrêtait pas de déplacer ce livre posé entre nos verres, un centimètre vers la droite, un centimètre vers la gauche, un peu comme si le livre posé sur le comptoir devait avoir sa place à lui, bien définie, choisie, autant que nos verres qui avaient leur place bien définie et bien choisie – distance entre le verre et le bord du comptoir, espaces entre les trois verres, espace entre le groupe de nos trois verres et les verres des autres consommateurs –, papa cherchait pour son livre le logement idéal. Ce nouveau venu lui changeait tout son comptoir ! Et ça n'était plus la Paresse intestinale qui finissait la matinée avec nous, posée entre des verres de blanc ensoleillés ; c'était le docteur Mathy en personne ! Papa aurait acheté la Condition humaine que, ce midi, nous aurions bu le blanc avec monsieur Malraux. Il le prit. Le reposa. Le reprit. Laissa pendre son bras avec le livre au bout pendant qu'il buvait puis il reposa le livre à la gauche de son verre, puis non, ça n'allait pas, il le plaça à la droite de son verre, entre son verre et les deux autres verres mais ça ne lui plaisait pas non plus, il n'aimait pas être séparé de nous, alors il me le tendit.

– Pose-le là près de toi !

Je l'appuyai contre la pompe à bière. Le livre de papa trônait au milieu des ballons de blanc et des pastis debout contre le métal argenté de la pompe qui brillait. Il aurait voulu attirer l'attention de tout le monde sur lui qu'il ne s'y serait pas pris autrement. Ça n'était rien d'avoir acheté un livre, encore fallait-il que toute la ville le sache ! Le patron vint nous serrer la main.

– Ça va, les intellectuels ? lança-t-il dans l'air plein de soleil et d'anis en élévation.

– On fait aller, dit le gros bonhomme qui avait l'habitude des livres et qui ne se laissait pas facilement déstabiliser, et même quand on le traitait d'intellectuel.

La patronne qui nous avait servis se retourna, elle regarda le livre et sourit à papa.

– Eh ben, dis donc c'est la tempête dans la casquette !

Puis elle remit dans sa bouche un morceau de pain frotté à l'ail.

– Et tu vas en faire quoi de ce livre ? demanda le patron.

– Je vais le ranger, répondit papa, avec les autres livres qu'on a !

– Eh ben, nous voilà beaux ! s'exclama la patronne qui avait encore la bouche pleine de pain frotté à l'ail, et elle répéta : Nous voilà beaux !

Les clients se retournaient. Les uns après les autres, les uns copiant les autres, ils lançaient des regards sur ce livre dont tout le monde parlait au comptoir.

– C'est quoi ?
– Je sais pas je vois pas j'ai pas mes lunettes.
– C'est un livre.
– Tu vois pas sans lunettes ?
– Joue !
– Il a quoi de spécial ce livre ?
– C'est un livre.
– Eh ben, alors...
– En papier.
– Tu joues ?
– C'est quoi l'atout déjà ?
– Écoute, André, soit tu lis, soit tu joues !
– Et mon pastis, faut que j'aille le chercher à la bibliothèque !

Les vieux assis aux tables plissaient les yeux pour le voir depuis le fond, haussaient les épaules et reprenaient leur belote. Deux électriciens en bleu de travail se reculèrent du buste pour regarder l'objet mystère.

– C'est un livre.
– Un livre de quoi ?
– Sur la paresse.
– Eh ben, putain, c'est pas moi qui lirai ça !
– T'étais à la bourre ce matin.

Deux mouches vinrent même copuler sur sa tranche jaunie, leurs ailes vibrant à la manière des cristaux de quartz. Tout le bistrot tournait autour du livre de papa, joli manège autour de son axe.

– Des livres, quand t'en as lu un, tu les as tous lus en fait...
– Une fois, un livre moi, je l'ai même pas ouvert.
– Faut que ça intéresse sinon...
– Ça me pique l'œil.
– Quel intérêt franchement ?
– Pousse ta clope.

Le boucher de la halle entra, jeta un coup d'œil sur la couverture crème avec son œil droit qu'il avait plus gros que son œil gauche tandis que la patronne lui servait un ballon de vin rouge qui en coulant dans la lumière prenait la teinte du rubis, il leva la main dans le soleil.

– Salut, les paresseux !
– Salut, foie de veau ! a lancé le patron.
– Tiens, si tu sais pas quoi lire, dit la patronne, c'est pour toi ça, c'est une histoire d'intestin !
– Les intestins je les lis pas moi, je les mange moi ! et il éclata d'un gros rire tout rond.
– Il est papivore lui maintenant, cria la patronne en le resservant, papivore !

Les joues de papa prirent de cette teinte vivace. Il était tout content. Avec son livre il nous faisait la révolution.

— Les livres de maintenant, on peut même pas mettre des fleurs à sécher dedans tellement c'est petit, dit l'un.

— Victor Hugo, tu pouvais faire sécher une planche ! dit l'autre.

— Et mon demi !

— Ça vient, dit la patronne, je suis pas Cosette.

— Faut pas lire de près.

— C'est pas toi qui décides, c'est la morphologie humaine.

— Des pattes de mouche !

— L'arabe faut lire de gauche à droite.

— Comme nous en fait.

— Ah non, nous c'est de droite à gauche.

— Le contraire.

— C'est le chinois qui va de haut en bas.

— Trouve-m'en un qui lit du chinois, je lui paye l'apéro !

— Personne va de bas en haut.

— Ils bouffent du poisson pourri en plus.

— Y a bien une peuplade qui fait ça sur le totem, va.

— Faut de tout pour faire un monde ! cria la patronne qui servait des ballons de vin rouge aux vieux du fond qui jouaient à la belote.

Papa alla chercher la dernière petite goutte de vin blanc au fond de son verre avec son doigt. Le gros bonhomme lui prit la tête sous le bras et la serra comme un ballon en lui frictionnant le haut du crâne.

— Il en a là-dedans celui-là, il en a !

— Aïe ! criait papa en riant.

— Il vend pas des melons pour rien...

Quand il lâcha la tête de papa, papa se redressa et fit un sourire large comme un os d'entrecôte ! C'est pour ça, avec papa qui s'achetait la Paresse

intestinale du Docteur Pierre Mathy – qui lui faisait une tempête dans la casquette – et moi qui faisais dormir Kafka dans mon slip, je peux dire qu'à ce moment les choses pour nous étaient en train de changer. Et on reprit trois verres de blanc pour trinquer à la santé du bon docteur qui débouchait les fesses des Français en 1936.
– Belote et re!

Le soir, on mangea le poulet. Les chips. On but du vin rouge. Papa s'installa dans le fauteuil, sous la lumière bleue des Encyclopédies. Juste au moment où j'allais partir rejoindre Mathilde il me dit:
– Tu veux pas m'en lire un peu de la paresse?

Il me tendit la paresse et le papier de la paresse sentait encore l'oubli. Alors, je lui lus un peu de la Paresse intestinale du Docteur Pierre Mathy. Mais franchement, j'aurais préféré Kafka.

Les étoiles s'installaient dans le rectangle de la fenêtre et ma voix qui faisait la liste des premiers symptômes de la constipation montait dans les cieux d'encre. Très vite papa ferma les yeux. Ça le berçait, tout ça.
– Tu as la même voix que ta mère, dit-il, puis il rouvrit ses yeux. Tu le savais?

Une photo de maman nous regardait dans son cadre. Une vieille photo que papa avait ressortie et qui n'y était pas la veille. C'était maman, fraîche jeune et belle en train de lire un livre sous un grand tilleul. C'était une photo de professionnel. Il faisait chaud. Le photographe avait dit qu'on pouvait poser sous l'arbre avec une broderie, avec un cygne empaillé, avec un panier de fleurs séchées sur les genoux ou avec un livre et, sous la photo, le photographe professionnel inscrivait votre nom accompagné d'une légende, Unetelle et son cygne, Unetelle cueillant des fleurs. On était rentrés dans sa cour et maman avait posé sous le grand tilleul avec le livre, le photographe avait calligraphié au bas de la photo à coups de grandes lettres pleines de tortillons, Aimée lisant sous son arbre. La photo était rehaussée en couleurs. Une véritable œuvre d'art pour presque rien! comme c'était inscrit en devanture de la boutique. Tout le monde ou presque choisissait de poser avec le livre, c'est ce que nous avait dit le photographe quand on avait choisi le livre, il s'était exclamé que c'était le bon choix et que tout le monde faisait ça parce que, bien sûr, lire sous un arbre quand on est belle comme madame c'est grec et les Grecs en faisaient pas des photos ils en faisaient carrément des statues!

– Et les Grecs, madame, comme vous savez n'étaient pas les derniers des artistes! Un sourire, madame! On lit! On ne bouge plus! On lit en me regardant! Attention! Clic! Bravo! Splendide! Une véritable photo grecque!

La photo montrait maman qui lisait en regardant le photographe. On aurait pu inscrire en légende, Aimée lisant avec son menton. Le photographe lui avait ressorti les taches de rousseur sur les joues et sur le front à la pointe du pinceau, le tirage qui avait vu trop de soleil passait mais ses lèvres avaient été vermillon. Le verre à l'endroit des lèvres portait la trace d'autres lèvres, papa en l'accrochant avait dû l'embrasser.

Cette photo d'Aimée lisant avait toujours attiré les commentaires de la famille ou des collègues de papa qui venaient chez nous – des transporteurs de fonds, grands lascars bedonnants et moustachus moulés dans des gilets de laine bleue avec une bande rouge barrant la poitrine, lecteurs de Mickey, Zembla, Kiwi, Blake le Rock, Tartine, sages comme des images dans le fourgon blindé, l'arme au côté, les pieds calés entre les sacs de billets de banque –, les gens demandaient à maman : c'est toi qui lis ? Et si maman était à la cuisine ils demandaient à papa : dis donc, c'est ta femme qui lit ? Et si papa était parti à la cave chercher du vin les invités se tournaient vers moi et demandaient : c'est ta maman qui est en train de lire ? Peut-être qu'avec le cygne empaillé ils auraient simplement demandé : c'est toi sur la photo ? C'est ta femme sur la photo ? C'est ta maman sur la photo ? Ils n'auraient sans doute pas demandé : c'est toi qui caresses le cygne ? Parce que le geste de caresser le cygne, tout le monde s'en serait foutu ! Alors que lire sous la lumière diffuse d'un arbre quasi centenaire forçait tout le monde à parler lecture. Nous faisions instantanément partie du club de ceux qui sont capables d'en parler, des livres. Rien qu'en regardant l'image ! Rien qu'en reconnaissant la posture et le geste, comme on est déjà presque pêcheur rien qu'à reconnaître une belle brème en photo. Les uns disaient que lire c'est bien mais il faut du temps – moi si j'avais le temps bien sûr que je lirais mais il faut le temps ! – et les autres, en voyant l'épaisseur de l'ouvrage photographié, disaient qu'un livre comme celui-là sur l'image c'est mieux qu'un petit livre parce qu'un petit livre, pour le prix que c'est franchement et y a rien dedans !

– Il est vachement bon ton pâté.

– Un livre sur les pâtés, tiens, c'est ça qu'il nous faudrait à la maison.

– Le pâté c'est déjà une sorte de livre avec tout ce qu'on met dedans.

— Disparate, en fait c'est ça.
— C'est pas les ronds dans l'eau, des fois la page d'après c'est le contraire de ce qui était écrit la page d'avant.
— Shakespeare, tiens, faut y aller là-dedans.
— C'est à lui de venir !
— Servez-vous, disait maman.
— J'en lis de la lecture.
— Quelle lecture ?
— Toutes les lectures, disait papa.
— Plus on lit, plus on sait de choses.
— Plus on sait des choses, plus on lit, répondait maman.
— Quitte à lire, autant que ça soit lisible pour tous qu'on puisse tous le lire plutôt que seulement certains choisis par leur éducation.
— Moi je prends au hasard.
— C'est comme ça qu'on a des drôles de surprises, attention !
— J'aime jamais la fin des livres, je suis comme ça, disait la femme du transporteur barbu installée à la droite de maman.
— Moi c'est rare que j'aille au bout, répondait le transporteur assis en face de la femme du collègue dont la coiffure jaune faisait une choucroute.
— Toi ? Tu lis jamais ! précisait en faisant les yeux au ciel l'épouse de celui qui venait de se vanter.
— En tous les cas pour une photo sous un arbre, ça fait beau.
— Je veux oui ! disait papa, tout fier, et il versait du vin à tout le monde.

Et, plus tard, les Encyclopédies viendraient compléter le dispositif. C'est ta femme qui lit ? demandaient les visiteurs, alors papa répondait prestement en montrant la petite lumière bleutée qui venait de la bibliothèque vitrée :

— C'est rien ça! Vous avez vu les Encyclopédies?

— Eh ben! disaient les gens, elle lit tout ça Aimée?

— Ça lui fait pas peur.

— Rien qu'à les porter...

— On les pose sur la table, expliquait papa en mimant le geste de poser délicatement une lourde charge sur la toile cirée.

— C'est des livres, tu les prends sur le pied, bonjour!

— On fait attention, disait papa, puis il pinçait sa bouche pour faire une espèce de sourire très rare qu'il avait vu dans un feuilleton.

La taille des volumes impressionnait beaucoup mais au final tous s'accordaient à dire que, pour une infirmière du grand hôpital, c'était normal. Au moment de la piqûre c'était rassurant, comme c'eût été terrorisant d'être piqué par une infirmière qui n'aurait collectionné que les disques!

Maman racontait en riant qu'il lui était facile de tranquilliser le malade, il suffisait qu'elle regarde le titre du livre posé sur la table de nuit pour lancer, par exemple, il a fait quoi d'Artagnan depuis hier? Et tandis que la lectrice allongée sur le ventre cul à l'air rassemblait ses souvenirs de duels au fleuret ou de cavalcades, de baisers sous la lune et de serments trahis, maman piquait dans le gras de la fesse en criant tous pour un! Et elle passait à l'autre lit.

Ils lui étaient de précieux auxiliaires! Si nombreux et si doux! Infirmiers au cœur de papier blanc toujours disponibles! Elle affirmait que l'hôpital était le plus grand lieu de lecture, même avant le train!

Les livres traînaient partout dans le grand hôpital, sur toutes les tables de nuit on en voyait posés près d'une bouteille d'eau, à côté d'un vase fleuri et d'une orange placés au centre de ces natures mortes qui se répétaient de loin en loin dans les lumières changeantes selon l'heure ou les salles, le temps et les saisons. On devinait, rien qu'à voir l'épaisseur du livre, dans quel état d'esprit était le malade, ceux qui disaient aux visiteurs : ce n'est rien j'en ai pour quelques jours et je serai vite à la maison, étalaient sur leur couverture grège des petits bouquins vite lus tandis que les malades qui se savaient embarqués pour un plus long voyage tenaient ouverts sur leur ventre des gros livres gonflés de millions de mots qu'ils lisaient avec une infinie lenteur. Leurs yeux suivaient lentement la haie bien taillée de la ligne, ces liseurs affaiblis glissaient doucement de phrase en phrase sans se cogner, petite promenade dans un dehors romanesque qui les oxygénait, l'esprit mou tiédi et comme en robe de chambre. Les nouveaux arrivants feuilletaient d'abord des magazines, puis un petit livre, puis un gros bouquin sitôt passé la première semaine d'hospitalisation. Un seul très gros, comme un seul ami, un vrai, qui serait bien choisi ! – un peu comme le mérou du commandant Cousteau ! Le Curé de Tours, court récit de Balzac, laissait un matin la place à l'imposant Don Quichotte de Cervantès ! Le gros livre épaterait le docteur qui dirait : vous lisez ça ? C'est bien, continuez ! Un docteur épaté, c'était un docteur qui penserait à vous même une fois rentré chez lui, avec sa femme et ses jolis enfants, avec ses amis, avec son chien, c'était un docteur qui vous soignerait avec plus d'attention que si vous n'étiez qu'un banal lecteur de journaux à scandale, l'intelligence reconnaîtrait et sauverait les siens ! Et attention ! Toujours des classiques de la littérature ! Là, dans le creuset tiède de la maladie, ces livres qu'il fallait absolument avoir lus s'avéraient être comme un morceau de chez-soi, une grande chambre qui offrirait une bonne protection, un lieu de vie stable, immuable, un monde solide – le patrimoine ! –, le plus grand dénominateur commun littéraire chez les vivants, il s'agissait de Zola, Balzac, Mauriac, Stendhal, Dumas, Flaubert, presque des patrons de laboratoires pharmaceutiques, ou bien d'Anatole France dont le nom sonnait sain comme une moulinée de légumes, au détriment – il y a toujours un détriment – d'auteurs comme Joyce, Capote, Faulkner qui sentaient l'alcool et le chemin de fer ou Updike et Gogol qui faisaient à leur façon nom de maladie mais psychiatrique. Qui lirait la Peste en salle commune ? Ou Tropique du Cancer ? Ou l'Enfer ? Ou Machiavel ? Les opérés – ceux qui allaient l'être et ceux qui venaient de l'être – ne lisaient pas. Ils attendaient simplement que la journée passe en regardant devant eux, le livre ouvert posé à plat sur leur poitrine, sur leur cœur. Protection circonflexe entre le corps et les dangers. C'était chaud d'avoir Madame Bovary là sous le menton, qui passait goutte à goutte dans le sang et faisait s'endormir. Maman devait ramasser souvent ces livres qui glissaient des lits et tombaient par terre quand les malades s'en allaient doucement dans le sommeil. Elle en ramassait aussi dans le parc, sous les bancs, aux pieds des vieilles personnes. Elle en sauvait de sous les averses. Elle en récupérait à la buanderie qui avaient été emportés au lavage dans des draps roulés en boule. Elle en trouvait dans les cabinets. Dans les salles d'attente et sur les lits à bascule des salles de jeux qui avaient glissé des poches des robes de chambre. Elle en avait trouvé jusque sur le sol de la morgue, un soir, le Petit Prince, qu'elle avait posé sur un corps dans un tiroir après qu'elle eut pris le bruit du vent dans les peupliers d'Italie pour le chant d'un cadavre, dessine-moi la vie ! et le mouton ! et la rose ! encore encore ! mon amour de petit bouquin ! chantait le vent dans la bouche du mort. À force d'en trouver çà et là qui n'appartenaient plus à personne, maman disait qu'elle aurait pu ouvrir une librairie ! J'imaginais tous ces livres se mettant à s'agiter la nuit, traversant les grands couloirs en direction des lumières bleues, glissant silencieusement sur les carrelages ou dansant sur les pelouses sous la lune et ces histoires me pétrifiaient. Je les suivais vivant leur vie de bêtes abandonnées. Je les voyais nettement voler dans les airs, pareils à des oiseaux blancs, pondant sur les gouttières, se chamaillant pour un reste de biscuit ! Et maman riait de sa belle bouche que tous les hommes désiraient ! Peut-être d'ailleurs était-ce pour cette raison, mais de façon inconsciente, que nous avions mis nos grosses Encyclopédies sous clef. Pour qu'elles ne s'envolent pas sous notre nez ! Au prix où c'était ! Chaque nouvelle mensualité – il y en eut trente – nous rappelait à nos ambitions culturelles premières. C'était le prix à payer pour s'enivrer de la bonne odeur du cuir et du papier ! Plus tard j'apprendrais que ce sont les livres les plus abîmés, les plus griffonnés dans les marges qui sont les plus beaux. Comme des jeans vieillis troués aux genoux ! Mais à cette époque il ne fallait pas nous abreuver de cette philosophie-là ! Nous n'écoutions que notre Platon intime. Mes amis, disait la voix, pour vous qui êtes des pauvres et qui n'avez pas fait beaucoup l'école, le beau sera l'ami du neuf ! Cuir neuf ! Livres neufs ! Cartable neuf ! Pantalon neuf ! Nous étions presque des gens riches. Notre famille possédait la petite clef dorée – qu'il fallait saisir du bout des doigts tellement elle était petite – qui ouvrait la vitrine derrière laquelle reposait l'éternellement neuf, car il n'y a rien de plus neuf qu'un livre quand ce livre est neuf – interdiction de toucher! –, ni plus grande sensation de fraîcheur et de propreté – bien plus que les slips ou les chemises – après la voiture neuve bien sûr, qui dans nos sociétés représente le neuf étalon.

L'achat sur le marché de ce petit livre un peu sale et jauni n'entrait pas dans le schéma. Même son copain fut surpris quand papa sortit les sous de sa poche pour acquérir la Paresse intestinale par le Docteur Pierre Mathy aux Éditions contemporaines préfacée par le Docteur Henry Dorval. Il regarda papa qui lisait le dos du bouquin en pinçant ses lèvres pour faire sérieux puis il me sourit.

– Dis donc, ton père il nous fait le cinéma!

Avec ce livre usé qui n'avait même pas le format de notre série de Digests et qui allait casser leur bel alignement papa voulait me dire quelque chose et il me le dit ce soir-là en se levant du fauteuil pour nous servir du vin, de ce côté de la table, face à moi, la fenêtre dans son dos il se découpait sur le ciel étoilé, je ne sais pourquoi il me fit penser à un navigateur, il attendit d'avoir empli les deux verres puis il me fixa dans les yeux, les siens brillaient, et dit :

– Alors ? Il est génial ton père ?

Je refermai doucement le livre sur la constipation et je lui répondis que oui.

– T'as vu la tête qu'il a fait Léon ?
– Tu parles, il en revenait pas !
– Tout le monde me prend pour un con...
– Mais non, papa !

– Tu l'aimes ton père ?
– Bien sûr, papa.
– Un livre médical.
– En plus !
Et comme je ne savais pas quoi dire, j'ajoutai :
– En plus c'est un livre sur l'intestin qui est aussi important que le cœur, en plus... en fait... tout est important dans le corps humain, en fait...
– On va être bien tous les deux, tu vas voir...
– Je sais, papa.
– Il est pas fini ton père, il est encore vivant ton père !
– La gueule des autres, papa !
– Estomaqués !
Et il but son verre cul sec.
– Tu sais que ce livre, il est pour toi, dit-il, puis il soupira, la lecture c'était ta mère tu sais mais moi la lecture... cadeau pour toi !

Je fis tourner la constipation dans mes mains.. Pour papa, un livre c'était un livre, et tous les livres faisaient un beau cadeau. C'était du cœur en papier avec, dedans, de l'intestin. Un corps humain presque, à y réfléchir maintenant, qu'on prenait dans ses mains quand on avait bu du vin, c'était une scène de bal.

Sans le savoir papa me montrait le chemin.

Moi aussi, il allait me falloir acheter un livre sur la constipation pour prouver à Mathilde combien je l'aimais...

Et je n'étais pas plus malin que lui ! Depuis quand je n'avais pas acheté un livre ? Plus justement, combien avais-je acheté de livres dans ma vie ? En avais-je seulement acheté un ? Un seul tout petit ? Un livre de poche ? Un mini-pocket ? Un micro-pocket ? Une plume de livre ? Une ombre ? Avais-je seulement cherché à en acquérir un ? M'étais-je penché quelques secondes sur un titre ? Sur une couverture neuve et brillante ? Avais-je tout naturellement posé mes yeux sur un livre en vitrine ? Avais-je jamais senti ce vent léger que font les pages lorsqu'on les feuillette pour s'en faire une idée et s'en donner envie ? Étais-je simplement entré une fois dans une librairie ? Allons plus loin ! Avais-je le souvenir d'être passé devant une librairie ? Quand ? Où ? On ne voit que ce que l'on aime ! Je pouvais réciter la liste des bistrots par cœur mais les librairies ? Je voyais bien des tabacs, des marchands de journaux, des maisons de la presse, des boucheries, des boulangeries, des charcuteries, des concessionnaires auto, des restaurants, des salons de thé, des drogueries, des boutiques de chaussures, des magasins de fringues et des laveries, oui, des tas, mais des librairies, pas une ! Pas la moindre devanture ne me venait à l'esprit. Pas le moindre nom de boutique ni de rue dans laquelle j'aurais pu dire qu'on y trouvât des livres.

Papa disparut aux toilettes.

J'en repérai quatre dans le bottin, Libri-colibri, La Boîte à nuages, Riquiqui les mots et La Plume au vent, ma parole, que des boutiques de pédés ! Marchands de slips en cuir avec un trou derrière pour Halloween ! Je me revoyais gamin courant après le fils de la brasserie de la place, accompagné dans ma poursuite par toute la bande des crasseux, on criait dans les rues : pédé ! pédé ! sous prétexte que le gamin binoclard aimait la musique et lisait des livres pendant que nous, nous traînions derrière le château et allions nous balancer depuis le pont dans la rivière ou bien attendions le crépuscule pour voler de jeunes truites dans les bassins de la pisciculture que nous faisions griller sur les braises jusque tard. Un jour que nous le poursuivions, il laissa tomber son livre, c'était Monte-Cristo d'Alexandre Dumas, livre qui allait nous servir à allumer notre feu. Nous étions tous des fils d'employés à la manufacture d'armes de chasse – avant que ça ferme et que papa devienne transporteur de fonds – mais ceci n'explique pas complètement cela. Nous étions simplement des gamins sur ressort. Pédé! Sale pédé! Nous n'étions pas de ces gamins à lire avec une lampe de poche sous les draps! Je n'en connaîtrai jamais aucun de ces enfants de conte de fées qui bravent les interdits familiaux pour lire toute la nuit le Grand Meaulnes ou Moby Dick. Rêves d'adultes qui s'inventent des enfances studieuses? Nous étions des petits branleurs? Des bousiers qui avaient commencé très tôt à pousser leur boule de caca. Les plus poètes d'entre nous dormaient avec des grillons qu'ils avaient martyrisés toute la journée tandis que les plus chanceux s'endormaient en écoutant les parents faire des bruits cochons dans leur chambre. Des enfants capables de faire des choses terribles, des enfants avec du sang sur les cartables, c'est vrai, et je ne saurais mieux nous définir qu'à répéter : des enfants! des enfants! des enfants! Une enfance bordélique éblouie par la lumière des rues. Comment lire avec des yeux pareils à ceux des papillons dont Mathilde plaignait le sort?

Je levai mon verre pour trinquer. Papa, de retour des toilettes – il avait dû s'y endormir un petit peu –, me regarda incrédule quand ma voix sortit haut et clair par la fenêtre et rebondit contre les arcs-boutants qui tenaient le cul de l'église.

– À Riquiqui les mots!

– Moi je lis pour m'endormir, avait dit la charcutière à une cliente devant nous, un jour que nous faisions les courses avec maman.

– Moi je lis quand je me réveille la nuit, je fais des insomnies, avait répondu la cliente.

– Je lis avant le sommeil, précisa la charcutière.

– Moi je lis dans les trous de la nuit, précisa la cliente avant d'ajouter : Vous me donnerez un petit bout de ce pâté.

Si la lecture des livres provoque le ramassement du corps, l'individu tout entier se coule en lui, par la main qui devient livre ou bien le livre qui devient chair – selon les écoles – le lecteur disparaît entre les pages, il est là-bas, quand on le regarde en train de lire on sent qu'il est parti, qu'il navigue, nous laissant seuls, nous autres non-lecteurs, sur la berge des pages attendre son retour, il y a de l'absence dans cette silhouette immobile et tranquille, comme un bruit de ce qui est lu, peut-être, le corps devient silence, ce qui fait dire au lecteur : quand je lis, je ne suis plus là ! du coup on se tait... la lecture du journal du matin provoque l'effet contraire, le corps du liseur s'impose et dérange, chahute, joue des coudes, sent le tabac froid et l'eau de Cologne, bouscule et se désarticule, le corps redevient cette grosse machine miraculeusement vivante et articulée qu'il avait le temps du sommeil cessé d'être, il se bat, se débat devant ces pages qu'il tourne et retourne en tous sens, il y a de la gymnastique dans l'air ! les bras moulinent, les corps se penchent, s'étirent, se retirent, se tordent, se dressent, un cartilage craque ! puis ils se replongent athlétiquement entre les pages *Le fait du jour* ! Vous lisez pas ? Cette question me tira de mes pensées. Vous lisez pas votre journal, monsieur ? J'étais à rêver sur mon petit verre de vin blanc plein de lumière, le premier de la journée, je restais immobile le coude levé, la main à niveau du menton et le verre à quelques centimètres des lèvres. Je voyais les seins laiteux de Mathilde, je les sentais peser dans mes mains quand j'embrassais son ventre et que je la faisais rouler debout contre les fleurs du papier peint. L'homme qui lisait à ma droite paya son café, plia son journal, le fourra dans son panier et s'écarta du zinc. Aussitôt un autre journal grand ouvert vint s'y poser, le nouveau liseur était fort, moustachu, portait un gilet bleu clair fourré en dedans comme en portent les écaillers, il me regarda dans les yeux et dit de sa grosse voix qui sentait le dehors : ça ne vous dérange pas ? il ouvrit en grand son journal et posa à plat sa large main sur la page de gauche. D'un geste large, d'est en ouest, d'une main sûre et rouge et lourde qui accompagnerait dans sa course le soleil il tourna la page de son journal, soulevant un petit vent qui entra dans ma manche et s'éparpilla entre les poils de mon avant-bras... plus loin une page blanche s'éleva dans les airs et retomba mollement comme un drap mis à sécher dans un pré. Il n'y avait sur le zinc de la place pour rien d'autre que les journaux ouverts et je découvrais avec stupeur et gourmandise l'incroyable culot qu'il fallait aux liseurs pour étaler tout ce papier là où ne doivent naturellement s'aligner que les verres. La lecture du journal leur donnait tous les droits, c'était très net. Ils lisaient avec lourdeur, avec puissance. Mathilde m'avait changé ; jusqu'ici tout ça, je ne l'avais pas regardé.

C'est un coin où je n'allais jamais. Une rue longue bordée par des ateliers d'artisans qu'on voyait s'activer au travers de verrières sales. Tout au bout, des nuages blancs léchaient les remparts dont les pierres tombaient abruptement sur la campagne, ce qui donnait l'impression que ce bout de la ville se jetait dans le ciel.

Je parcourus la rue dans un sens et dans l'autre sens avant de m'arrêter devant la petite librairie – La Plume au vent –, une étroite et haute boutique violette que cachait à moitié l'échafaudage sur lequel deux peintres en salopette blanche étincelaient dans le soleil. Je collai mon nez sur la vitrine. L'ombre des peintres dansait. Platon faisait rafraîchir sa caverne. Une dame en pull jacquard et pantalon de velours parlait au téléphone, debout, avec la pointe de son pied droit elle dessinait des ronds dans la lumière tandis que ses fesses appuyées contre le bureau de bois compressaient un matelas de paperasse couleur bistre. Elle n'avait pas de cou et son crâne enfonçait dans ses épaules qui remontaient légèrement, un peu comme si elle recevait toute la journée des livres sur la tête! plusieurs milliers! qui couvraient les murs jusqu'au plafond incarnat barré d'une grosse poutre vernie soutenue de part et d'autre de la boutique par deux colonnes de pierre. Trois tables écrasées par le poids prenaient à peu près toute la place au sol et, pour la décoration, une oriflamme or pendait depuis la partie centrale de la poutre vernie, sur laquelle on avait écrit les noms d'auteurs célèbres, une bonne cinquantaine de noms que j'oublie mais cette nomenclature digne de la carte d'un restaurant chinois m'embrouillait l'appétit. En fait, ces grands auteurs compliquaient terriblement les choses à vouloir tous qu'on les achète. Quel livre de qui parlait de quoi? Qui parlait de qui? Quoi racontait quoi? Comment faisaient-ils pour ne pas tous raconter la même chose ? Au fond, y avait-il tellement de choses à raconter ? Pouvait-on acheter un livre qui comprît grosso modo tout ce qu'on trouvait dans les autres ? Parce que, sinon, cela signifiait que chacun n'était que partie du grand puzzle, qu'il faudrait les lire tous les uns derrière les autres et s'en souvenir pour espérer reconstituer en un temps que je ne savais même pas imaginer le grand dessin promis. La dame à la tête enfoncée les avait-elle tous lus ? Était-ce pour cela qu'elle perdait sa tête comme d'autres perdent leur pantalon ? Ses cheveux ivoire lui faisaient sur les épaules une motte jaunie. Son âme trop volumineuse pendouillait de son corps en une chevelure sèche comme les racines d'une plante dont le pot devient trop petit. Elle me faisait peur au milieu de ses milliers de livres – des millions – et je battis en retraite pour aller boire un demi.

Quand je revins, la dame parlait toujours au téléphone. Peut-être n'en avait-elle lu aucun ? Ça me rassurait et je poussai la porte. Elle me jeta un coup d'œil furtif sans cesser de parler.

– Ça ne se vend pas, disait-elle, non et ça non plus ça ne se vend pas, ça ne se vend pas, non, rien, pas du tout, ça ne se vend pas non plus, leur nouvelle collection ne se vend pas, je n'ai rien vendu des trois premiers titres, et leur dernier non plus ça ne se vend pas, les gens ne lisent plus – j'étais donc si nombreux ? – en une morne litanie...

Déjà en 1976 les gens ne lisaient plus, alors quand ont-ils lu ?

– M'dame !

– Monsieur... oui... non... rien... un client... un seul... oui... non... rien... même avec une jaquette ça ne change rien... je les renvoie bien sûr...

J'étais venu acheter un livre dans la librairie où justement rien ne se vendait? Dans quel piège absurde m'étais-je jeté? La voix des peintres m'arrivait assourdie. Je cherchai d'instinct mes semblables.

– Des girolles déjà?
– Des tapis!

Je fis le tour des tables croulantes sous les piles de titres qui méritaient qu'on les achetât tous ou qu'on n'en achetât aucun, pour qui était ignare comme je l'étais c'était égal, des livres! et des livres! et des livres! Comment choisir?

Pour mon goût personnel j'aurais pris le plus petit, avec un titre marrant, le moins cher, Quel petit vélo à guidon chromé au fond de la cour? par exemple, mais pour Mathilde dont les livres étaient le métier fallait-il prendre le plus gros avec un titre bien austère et qui soit très cher?

Un livre, c'était des idées sur du papier – contrairement au théâtre qui les disait de vive voix ou au cinéma qui montrait les idées sur le mur – mais alors quelle idée sur papier ferait un beau cadeau? Pour le savoir il faudrait logiquement tous les lire! Ou bien demander. Demander quoi d'ailleurs? Bonjour, madame, je voudrais un livre pour offrir à quelqu'un... Comment la dame aurait-elle pu me conseiller une idée sur papier qui plaise à Mathilde puisqu'elle ne la connaissait pas! À moins que n'importe quel livre n'eût convenu à n'importe qui? Quand on sait la difficulté de composer un menu qui satisfasse en même temps dix convives, comment pouvait-on proposer un livre qui plaise à tout le monde à coup sûr? Se donnait-on un droit à l'erreur? Droit à l'erreur qu'on ne s'autorisait d'ailleurs pas dans les restaurants pour éviter de fâcher le client. Alors, prenait-on avec le livre des risques que l'on ne prenait pas avec la sole et le bifteck ? Papa était dans le vrai. Avec la constipation vaincue, on était sûr de plaire à tout le monde ! Je m'enferrais.

La dame raccrocha son téléphone, me fixa à travers ses lunettes demi-lune et après une pause qui me parut interminable elle reprit son téléphone et composa un nouveau numéro. M'avait-elle vu ? Sur le mur derrière elle, un panneau de carton pendait à un clou glissé entre deux pierres, on y lisait cet adage, *tu es ici chez toi, ami lecteur, promène-toi dans les allées des livres, ceci est ton royaume.*

Je fis comme c'était écrit. Je passai entre les tables une première fois, puis une deuxième fois, puis une troisième, la hanche au ras des livres, comme un baigneur dans l'écume hésitant à sortir de l'eau après qu'une vague eut arraché son slip. Je pataugeais ! Les titres flottaient autour de moi. Petites méduses ! J'en saisis un que j'ouvris – d'instinct je sus la marche à suivre : ouvrir le livre, lire la première ligne, si la première ligne plaît, lire le texte au dos du livre déjà plus long que la première ligne car souvent il en comporte dix voire douze ; si jusque-là tout va bien, alors, il faut acheter le livre ; par contre, si la première ligne ne plaît pas, il faut reposer le livre mais, et là ça se complique, si la première ligne plaît à moitié, il faut lire la deuxième, si la deuxième ligne plaît tout à fait, il faut lire le texte au dos du livre, sinon reposer le livre, parce que si les deux premières lignes ne plaisent pas vraiment il ne faut pas espérer que les autres plairont, et recommencer avec le suivant ! (Je sais, c'est fastidieux.) Je me mis donc à lire la première ligne du premier livre que j'ouvris. *Notre bagne se trouvait à l'extrémité de la forteresse, au bord du rempart.* Elle était courte.

Comment l'auteur avait-il fait entrer dans une phrase aussi courte le bagne, la forteresse et le rempart ?

J'étais accroché. Je poussai jusqu'à la deuxième ligne. *Quand, à travers les fentes de la palissade, nous cherchions à entrevoir le monde, nous apercevions seulement un pan de ciel étroit et un haut remblai de terre, envahi par les grandes herbes, que nuit et jour les sentinelles arpentaient.* Ça me plaisait. Surtout le *pan de ciel étroit*. Je le voyais ! C'était un miracle que les deux premières lignes du premier livre que j'ouvrais dans ma première librairie me plaisent du premier coup ! Bagne ! Forteresse ! Rempart ! Remblai ! Sentinelles ! Pour un cadeau à une jeune fille, je n'y allais pas de main morte ! Je jetai un regard circulaire. Ces deux premières lignes que j'aimais bien m'avaient donné de l'assurance. La mer pouvait se retirer, j'avais mon slip. Un nuage cacha le soleil. La danse des peintres disparut. L'ombre de la rue glissa sur le sol, monta sur les tables et entra dans les livres, peut-être un peu de cette ombre repassait-elle au noir les lettres fanées des plus vieux invendus puis le soleil reparut, la lumière rejaillit des textes rehaussés. Nous étions en mars et le ciel ne cessait de changer. L'imprimerie nous arrivait d'en haut. Les peintres s'exclamèrent : putain de temps !

Le livre tenait juste dans ma main. J'étais tout surpris. C'était ça acheter un livre ? Je payai et sortis de la boutique en écrasant les gouttelettes de peinture sur le trottoir. J'étais content, essoufflé, rassuré, vivant, je tenais mon cadeau pour Mathilde ! Le titre ? Souvenirs de la maison des morts. Je bombai le torse. J'avais acheté Dostoïevski ! La libraire m'avait dit : vous aimez le grand vin ! et puis avec la monnaie la dame m'avait donné un bonbon. Un petit bonbon dans un papier bleu.

Ce fut plus fort que moi... Je retournai au bar du Marché – là où papa avait brillé la veille – avec mon beau livre au bout du bras. Dostoïevski ! Rien que le nom de l'auteur faisait un effet terrible – comme en boîte de nuit quand on commande de la Zubrovska –, le patron s'y essaya, il s'exclama...
– Dostoski !
– À tes souhaits, Camille, dit un client.
Et la patronne vint derrière lui, elle se pencha sur la couverture et lança le nom de l'auteur roulé dans des relents d'ail frais.
– Dostovevski !
– À tes souhaits, Irène ! redit le client.
– Tempête sous la casquette !
– Et ça se lit avec les yeux ça ? Eh ben... faut des yeux de chat pour lire ça.
– Dostoski vraiment ?
– Il est très connu, dit la patronne, c'est pour ça que tu le connais, c'est un Russe.
– Si je devais connaître tous les Russes...
– Mais si voyons ! Dostoveski !
– Il joue dans quelle équipe ? et il éclata de rire.
– Chaud devant !
Tout confirmait qu'on ne pouvait entrer au bar du Marché avec un livre à la main sans que ce livre ne déclenche des commentaires et des rires, à condition que le liseur soit un gars du coin comme papa et moi, un Anglais entrant avec un livre n'aurait intéressé personne, ou même un gars de Bordeaux, un Parisien n'en parlons pas, là-bas, ça lisait toute la journée à la terrasse des cafés des quartiers chics en buvant du chocolat, on en avait même fait des cartes postales de ces liseurs en pan-

talon à carreaux et lunettes noires qui n'avaient pas de travail, alors qu'un gars d'ici, qu'on aurait vu grandir et faire l'école et partir à l'armée, peut-être même bénévole chez les pompiers! ça devenait un événement considérable dont on parlerait jusqu'au café-tabac de l'autre côté de la place, chez Henri.

Je l'ouvris et aussitôt je me mis à le lire.

— Et on lui sert quoi au professeur Nimbus? demanda la patronne tout en clignant de son œil droit dans la direction d'un autre client qui rêvassait en regardant voler les mouches dans le soleil.

Je ne répondis pas, j'étais plongé dans ma lecture — si l'on répond trop vite c'est qu'on n'est pas plongé et moi j'étais plongé —, je relisais la première ligne de mon Dostoïevski — j'aurais tellement aimé le silence! — ensuite je relus la seconde, puis je revins au début, je savourais. Tous les regards pesaient sur moi.

Notre bagne se trouvait à l'extrémité de la forteresse, au bord du rempart.

— Alors, il boit quoi?

... *Quand, à travers les fentes de la palissade, nous cherchions à entrevoir le monde...*

— Il est sourd?

... *nous apercevions seulement un pan de ciel étroit et un haut remblai de terre...*

— Tempête sous la casquette!

... *envahi par les grandes herbes, que nuit et jour les sentinelles arpentaient.*

— Coin! Coin!

... *Notre bagne se trouvait à l'extrémité de la forteresse, au bord du rempart.*

— Il veut plus nous parler maintenant qu'il a son Titiski?

— On est plus assez bien pour lui!

– On est des béotiens.
– Des quoi ? demanda le patron à la patronne.
– Des béotiens ?
– Connais pas.
– Des Turcs si tu préfères.
– Ah bon...

Ça n'était même pas la peine d'attaquer la troisième ligne dans ces conditions ! Je relevai la tête.

– Alors il boit quoi le Docteur Jivago ?

Quoi boire avec Dostoïevski ? On marie bien les mets et les vins, pourquoi ne pas marier les boissons et les livres ? Les mets et les livres ? Les vêtements et les livres pour créer une parfaite harmonie ? (J'apprendrais plus tard que beaucoup s'en préoccupent, blouson de cuir, thé au lait, terrasse vitrée d'un café, boulevard Saint-Germain, Le Clézio ; ou gros pull de laine, pantalon de velours marron, une banane, square désert, Duras ; robe cintrée, imperméable beige, sandwich salade, cartable, TGV réservation non-fumeurs, Peter Handke ; pour Ernaux, même chose mais chaussures plates dans le RER et biscuit coupe-faim.) J'avais envie d'être beau puisque j'étais heureux. J'avais envie de boire lentement quelque chose de bon dans un petit verre comme le fait Sherlock Holmes quand il lit un gros ouvrage sur les venins, ou bien siroter un brandy assis sur un champignon géant, comme les savants partis au centre de la terre dans le beau film de Jules Verne en sirotent pendant la pause.

– Alors il boit quoi le Tintin Milou ?

Dostoïevski et les grandes herbes, le remblai de terre, le pan de ciel, tout ça c'était une crème épaisse et je voyais le long des palissades quelques noisetiers...

– Une crème de noisette !

— Et une crème de noisette, une ! cria le patron.
— Tempête sous la casquette ! reprit la patronne – elle adorait ça – et le patron compléta : tempête dans le foie !

Moi je pensais, tempête partout ! Sous la casquette ! dans le foie ! dans le cœur ! dans le slip ! J'étais amoureux !

Je jetai un coup d'œil dans la glace pour m'admirer avec mon livre de quatre cents pages et ma crème de noisette, j'y vis un jeune homme debout au comptoir, serré dans un costume vert olive avec un énorme livre de quatre cents pages au moins ouvert devant lui ! C'est vrai que le livre changeait tout. Sans lui la glace m'aurait renvoyé l'image d'un jeune homme debout au comptoir, le crâne rasé, serré dans un costume vert olive, bref, l'image d'un con qui picole.

Je cachai le livre. Con qui picole disait la glace. Je le replaçai sur le zinc. Jeune homme qui lit disait la glace. Je le cachai à nouveau. Con qui picole disait toujours la glace. Je le replaçai dans le cadre. Jeune homme qui lit un livre de quatre cents pages au moins disait la glace. Je le cachai. Comment Mathilde pouvait-elle aimer un gars comme moi ? Je le replaçai dans le cadre. C'était normal qu'elle aime un jeune homme qui lit Dostoïevski en goûtant une crème de noisette puisqu'elle était bibliothécaire ! Je le cachai encore. J'étais misérable ! Mathilde me verrait bientôt tel que je me voyais dans ce miroir publicitaire avec en arc de cercle au-dessus de la tête les mots Apéritif Ricard pour diadème.

Je n'en revenais pas que Mathilde m'ait choisi ! Embrassé ! Aimé ! Qu'elle l'ait choisi ! Embrassé ! Aimé ! Lui ! Le con de la glace ! Je replaçai vite le livre dans le cadre. Le con de la glace et moi étions redevenus beaux, intelligents et cultivés. Ce livre, c'était ma parure, ma grande âme, mon courage, ma splendeur, ma couronne de fleurs, mes belles mains et j'en passe, mes belles mains parlons-en, je les voyais dans le miroir jouer avec le livre avec grâce et dextérité, sans mentir ça n'étaient pas mes mains, c'étaient des mains blanches et douces dans lesquelles j'aurais glissé mes mains courtes comme dans des gants.

J'avais vingt ans, pourtant j'eus à cet instant et pour la seconde fois de ma vie seulement la sensation d'avoir des mains de grande personne. La première fois que j'avais éprouvé la sensation d'enfiler les mains de mon père c'était le jour de ma première communion, quand il m'avait fallu tenir droit mon cierge qui brûlait au milieu des autres cierges, petite haie de bourgeons lumineux qui venaient éclore dans l'allée centrale de l'église, cette main devenue si vénérable sous la nef se savait chargée de l'immense responsabilité de manier sans l'éteindre la flamme de la croyance en Dieu, et cette main ne faiblit pas, la petite flamme traversa l'église jusqu'à l'autel, je suivis le cierge obéissant à ma main, sachant que cette main si sûre d'elle me tirait en direction du monde des grands. Sinon, je crois que mes mains n'avaient rien fait de sérieux, j'avais gardé mes mains de gosse, comme d'autres ne muent jamais. Du coup je les regardai dans la glace manipuler le livre – avec admiration. On aurait dit les mains intelligentes d'un chercheur. Les mains de Pasteur ! Je les connaissais pour les avoir vues sur une peinture – dans un livre de la petite école sans doute – représentant le savant assis vaccinant un enfant atteint de la rage.

Le livre rendait tous ceux qui le touchaient beaux et intelligents. Quand j'avais menti à papa et inventé que Mathilde faisait dans la crème de beauté, au fond c'était vrai ! Alors, je me fis la promesse de ne jamais abandonner les livres. Je fixai le con dans la glace et lui dis en levant haut ma crème de noisette :

— Ils sont ton passeport pour l'amour !

Il se mit à tomber quelques gouttes.

— Irène, cria le patron, il pleut !

— Eh ben ? répondit la patronne.

— Rentre ton livre !

— Mon livre ! s'exclama la patronne, et elle sortit précipitamment dans la cour récupérer sur une table le livre qu'elle lisait tous les midis, c'est-à-dire vers onze heures, avant le coup de feu, et tous les après-midi vers quatre heures, le chat sur les genoux, après avoir lavé le carrelage de la cuisine, pendant que ça séchait.

Quelques grosses gouttes éclataient sur le ciment en y laissant une trace ronde qui disparaîtrait bientôt sous le soleil. Ces gouttes de pluie firent entrer dans le café des odeurs de mouillé.

— On va avoir l'orage, dit le client.

— Mais non, c'est que des gouttes, l'orage il est passé tout à l'heure après le facteur, dit le patron.

— S'il est rien tombé tant mieux pour le livre à Irène, dit le client en suçotant un carré de sucre.

— Heureusement que c'est elle qui l'a oublié dehors son livre parce que si c'était moi on l'entendrait ! De toute façon, faut pas lui toucher son livre à Irène !

— Un livre, c'est à chacun.

— Je sais pas ! ajouta le patron, mais le livre à Irène c'est le livre à Irène !

Elle revint dans le café, tenant à plat dans ses mains le gros catalogue des 3 Suisses.

— Alors ? demanda le patron.

– Pas une goutte dessus ! s'exclama la patronne.
L'orage tonna au loin.
– Rien !

Je sortis – m'sieu dames à plus –, serrant le livre de quatre cent quarante-sept pages dans ma main droite – préface, avant-propos, dossier sur la vie de monsieur Dostoïevski (1821-1881), note bibliographique, lettre de Dostoïevski à son frère Michel rédigée à Omsk le 22 février 1854, notes, sommaire et « du même auteur » compris, ce livre n'en finissait pas, tant mieux, ça faisait un beau cadeau ! –, je pris la direction de la bibliothèque municipale avec mon Dostoïevski entre les doigts doux comme une gaufre, j'allais traverser la ville – défiler ! – fiérot, pareil à ce gamin que je croisai sur le pont du Carrousel et qui testait ses patins à roulettes en attirant par ses sourires et ses regards ravis les sourires et les regards des gens qui le croisaient. Le gamin cherchait son équilibre. Je cherchais le mien. C'était un exercice périlleux que de marcher avec un livre – je comprenais mieux papa – tout petit mais très encombrant car si la main disait charge minuscule, la tête disait VIP – very important paquet ! – et je marchais le bras tendu détaché du corps, un peu comme cette race de crabes rouges qui n'ont qu'une seule énorme pince d'un beau rouge vif et qui la fourrent sous le nez des autres crabes à tout bout de champ, je lançais devant moi mon gros Dostoïevski pour épater la galerie à la saison des amours.

J'arrivai devant la bibliothèque avec un peu de retard mais Mathilde m'attendait. Elle me serra dans ses bras. Je lui donnai son cadeau.

– Dostoïevski, s'exclama-t-elle, mon préféré !

Miraculeux ! J'avais acheté au hasard son auteur préféré. Que personne ne voulait ! tant mieux ! Du coup il en restait sinon... où trouver un auteur que tout le monde s'arrache ? Comme le sucre et l'huile avant les grèves, on n'en trouve pas. Tandis que nous nous embrassions je vis mon reflet dans la vitre latérale d'une camionnette blanche marquée *la vraie chaussure, c'est Lambert !* Surtout, ne jamais s'éloigner des livres, me dis-je. Non ! Surtout pas !

À mon fils... à ma fille... à tout jamais... nous pensons à toi... tu nous manques...
Les cyprès balançaient doucement leur ombre longue sur les tombes. Je venais voir maman. Lui dire que j'avais quitté l'armée. Qu'elle ne s'inquiète pas. Peut-être lui parlerais-je de Mathilde ? Peut-être alors me donnerait-elle des conseils ? De son vivant maman disait pouvoir communiquer avec les morts, elle assurait que c'était comme le téléphone !

– On m'appelle dans la tête et je décroche, c'est tout bête ! J'ai parlé à de Gaulle !
– Mais le général de Gaulle est vivant, maman...
– C'est pareil !

Une fois morte, saurait-elle communiquer avec les vivants ? Remonter le courant, comme un saumon de fontaine, depuis la mer immense des morts jusqu'au petit ruisseau sablonneux des vivants ?

Elle avait pioché ces histoires de contact entre les vivants et les morts dans son journal télé, un dossier annonçait un débat sur ce thème, débat précédé d'un grand film qui faisait peur. Maman lisait et relisait son programme dix fois peut-être – même les vieux programmes qui ne voulaient plus rien dire puisqu'ils annonçaient les émissions d'il y a deux mois ! – en disant toujours du mal des présentateurs habillés trop voyant et des petits chanteurs qui se tortillaient comme des singes, et elle éclatait de rire ! Maman ne disait pas du mal par méchanceté mais par principe, le journal télé c'était fait pour ça – sauf les dossiers, les dossiers attention ! c'était du sérieux ! ça se lisait comme du bon pain ! – pour savoir ce que la télé proposait – des bêtises ! – et l'heure à laquelle elle les proposait – à cette heure-là je suis au lit ! – avec des histoires sur la vie des acteurs – celui-là il aura pas fait long feu ! – et combien les émissions coûtaient à fabriquer – ils feraient mieux de nous donner l'argent on saurait quoi en faire ! – et aussi les coulisses des émissions politiques – moi je regarde pas ils disent toujours la même chose !

Elle faisait généralement ses commentaires à haute voix. Papa râlait. Tu pourrais pas lire pour toi ! Lire pour soi... prestidigitation... alors maman se mettait à lire pour elle toute seule – dans son dedans ! – et plus aucun son ne sortait, les mots passaient de la lumière à l'ombre de son intérieur maternel, la rivière devenait souterraine – à quel endroit la rivière des mots entrait-elle dans maman, au niveau des yeux ? au fond de la gorge ? dans sa poitrine ? sous ses cheveux ? il y avait bien un endroit physique où les mots devenus le clair silence coulaient dans le corps de maman – sa bouche continuait-elle à dire les mots mais sans bouger ? et cette rivière disparaissait pour toujours. Je trouvais ça terriblement costaud – même encore maintenant quand je regarde une personne qui lit pour elle, ça me reprend, ça me surprend, je me demande comment ça marche ! – et je passais de longs moments à regarder maman se remplir de lecture. Elle faisait un silence en lisant pour elle qui était presque un bruit, comme après la pluie, quand la terre boit les flaques sans que nous n'entendions rien et, pourtant, ce silence de la terre que l'eau pénètre remplit l'oreille d'une chose qui a son épaisseur. Peut-être faudrait-il enregistrer le silence de ceux qui lisent et le repasser à l'envers ?

J'attendais sans bouger, à l'affût, le moment où maman tournerait la page, ça me donnait des frissons, parce que justement le silence de la lecture s'en trouvait réduit en miettes, mais ce silence pulvérisé par le frottement du papier se reformait immédiatement, comme la poussière chassée d'un meuble verni s'y repose lentement, grain à grain dans le soleil, on n'y peut rien. Ce plaisir et plus tard le souvenir de ce plaisir – qui n'est pas un souvenir de lecture mais qui s'en rapproche tout de même – auraient dû me donner l'envie de lire aussi – devenir ma mère lisant en quelque sorte. Eh bien non. Pourquoi ? Il faudrait pour le savoir baguer les plaisirs de l'enfance et les suivre comme des oiseaux, ne jamais les perdre de vue, déterminer toujours où ils vont et où ils sont quand nous-mêmes nous déplaçons dans l'espace et dans le temps. Sinon, pfuit ! Et quand plus tard nous cherchons à les saisir à nouveau, combien de filets il nous faut tendre pour attraper le plus souvent l'oiseau des autres !

Je traversai le cimetière – surtout, ne jamais s'éloigner des livres, m'étais-je promis, surtout pas ! –, surpris d'y trouver autant de faux livres sculptés dans le marbre ouverts sur les tombes – ils étaient vraiment partout et pour toujours – pareils à des bouches ouvertes qui souffleraient éternellement les mêmes mots... *à mon fils... à ma fille... nous t'aimons...*

Ces épais volumes lavés par les pluies – la plupart faisaient un bon millier de pages – signifiaient sans doute que le mort était grand lecteur, je ne vis aucune télé de marbre au milieu des fleurs, pareillement, à l'enterrement le curé avait dit à propos de maman, tu as parcouru à toute vitesse le grand livre de la vie, il n'avait pas dit, tu as regardé à toute vitesse la grande émission de variétés de la vie, non, c'étaient les livres qui l'emportaient encore jusque dans la mort – et ces sculptures donnaient aux tombes une espièglerie qui l'emportait sur la gravité morbide des angelots de plâtre aux ailes verdies et aux regards morts dont certains spécimens recouverts d'un lichen gris foncé faisaient penser à des corneilles.

Les livres de marbre maintenus par le même trépied de fer rouillé donnaient à lire aux vivants ces phrases pleines de douceur et de regrets... *à mon fils... à ma fille... nous pensons à toi... tu nous manques...* sans suite, à moins que la suite ne fût à l'intérieur des livres eux-mêmes et accessible aux seuls yeux des morts, *à mon fils qui..., à ma fille que...* mais nous, les vivants, n'avions droit qu'aux premiers mots de l'ouvrage. Lirais-je plus si j'étais mort ?

Maman reposait dans l'allée B rangée 4. Son livre à elle commençait par ces mots, *à mon Aimée...* Connaissant ses goûts en lecture, il aurait mieux valu lui sculpter le journal télé... Un chat qui cherchait à recouvrir ses besoins avait gratté le sol et envoyé du sable sur la stèle. Était-elle en train de lire, couchée comme à la plage mais sans soleil ?

Au cours d'une de nos excursions en car jusqu'à la mer – ce fut la dernière sortie pour tout le monde – maman s'était noyée. Nous l'avions cherchée des heures et des heures et des heures, des centaines de baigneurs nous avaient aidés jusqu'à la nuit et dans la nuit même nous étions restés à scruter par-delà les vagues sous les étoiles et à plonger dans les rouleaux jusqu'à ce que les sauveteurs nous avertissent que le corps d'une femme avait été trouvé un peu plus loin. Le chauffeur du car avait ramassé sa serviette – il faut bien ramasser la serviette des noyés – et me l'avait tendue avec le livre que maman était en train de lire, c'était un roman policier, 1 275 âmes de Jim Thompson. Une plume de mouette marquait la page vingt-sept des 1 275 âmes de Jim Thompson. Papa avait gardé longtemps le livre, avec cette page vingt-sept et sa plume, et puis un jour il avait mis le livre et la plume à la poubelle. Le dernier geste de maman vivante fut de glisser cette plume dans le livre. Glisser une plume de mouette dans un roman policier.

Je déposai mes fleurs contre le livre de pierre.

Elle avait ramassé la plume dans le sable, l'avait secouée contre sa cuisse blanche pour en faire tomber les grains, puis elle l'avait sentie comme on sent une fleur avant de la glisser dans le livre doucement, elle avait laissé le livre se fermer tout seul sur la plume, elle avait rouvert le livre, regardé la plume couchée en travers de la page, soufflé dessus parce qu'une idée soudain lui avait traversé la tête, enfin elle avait refermé le livre, l'avait déposé sur la serviette et elle était partie se baigner.

La plume blanche était devenue la plume du livre, l'officiel marque-page, la plume des 1 275 âmes, c'était peut-être la 1 276e âme, qui les gardait.

Je retirai une fleur de mon bouquet que je glissai dans le creux du livre sur la stèle. Maintenant le livre était complet, car il n'existe pas de livre qui ne possède son marque-page ! Vieux billet de train, ticket de métro, ticket de cinéma, fleur séchée, feuille d'arbre, bout de laine, carte postale, facture EDF, carte de visite, calendrier des plombiers-carreleurs-marchands hi-fi du quartier, papier aluminium de pot de yaourt bien lissé avec l'ongle et plié en deux – ça, c'est quelqu'un qui avait dû lire à la cantine –, carte téléphonique, feuille rose de papier toilette, ticket de caisse de la librairie, contravention impayée, ticket de parking, échantillon d'étoffe de démonstration, plume de mouette, tous ces petits objets entament une deuxième vie et nous les manipulons avec affection dès lors qu'ils nous rendent l'immense service de toujours répondre à la question terrible : où c'est que j'en étais moi hier soir ? Combien de fois les liseurs distraits, fatigués sans doute, tout le monde l'est un peu – attention ! lire au lit est un art de la vigilance ! ne lit pas au lit n'importe qui ! – ont-ils relu les mêmes pages pour le motif qu'ils avaient oublié d'y insérer le marque-page ? Sensation de déjà lu mais bon... curieux tout de même... et pourquoi Piotr Stépanovitch repasse-t-il dans la calèche d'Artémi Pavlovitch ? Et pourquoi Nicolaï Vsélodovitch repart-il pour Skvoréchiniki sans même aller voir sa mère, il était déjà là-bas hier ? Qui affronterait Thomas Bernhard sans marque-page ? Ou bien Peter Handke quand il écrit Histoire du crayon ? C'est lui qui nous aide à retrouver l'endroit... comment définir l'endroit ? – nous allons, nous venons, nous passons, repassons, c'était là ? Non c'était là ! Ou alors c'était là ? –, l'endroit où nous avons laissé notre esprit garé peut-être... Était-ce à trois jours de marche de Cologne, en pleine Gaule, ou bien sur les bords de l'Euphrate, quand l'armée qui avait hiverné se mit en marche, à ce moment où la campagne contre les Parthes commençait pour de bon et que Babylone fut conquise ? Étions-nous ce beau matin où Angelo entra dans la forêt bleue et qu'il erra bien la moitié d'une lieue dans le ravissement le plus angélique, écoutant le vent dans les hêtres et se réjouissant de l'incomparable mêlée de lances d'or dont le soleil transperçait le bois, ou bien en étions-nous plus loin, au milieu des cadavres et des villages gagnés par le choléra ?

La plume de mouette que maman avait glissée dans le roman policier marquait le moment où elle avait arrêté de lire et donc le moment où elle était morte. On pouvait dire que maman était morte page vingt-sept des 1 275 âmes de Jim Thompson. Dès le lendemain de l'enterrement papa avait bloqué la pendule de la salle à manger mais aussi, je m'en rendis compte plus tard, il avait arrêté d'acheter son journal. En quelque sorte, papa avait bloqué le temps et la lecture. Il fallait bien trouver un responsable. Ce fut la page vingt-sept des 1 275 âmes de Jim Thompson. La page, c'est vrai, n'avait pas su retenir maman.

Un moineau se baignait dans une flaque d'orage.
– J'aime une fille, lui dis-je.

Et le moineau fit trembler ses ailes légères, troublant la surface de l'eau. Maman communiquait avec moi à travers l'oiseau, je le compris quand il émit un pépiement ravi.

– Comment est-elle ? demanda l'oiseau.
– Belle ! C'est une bibliothécaire !
– Bravo ! dit l'oiseau... et je continuai à parler au moineau qui se baignait dans l'eau de l'orage, l'eau saturée de foudre lançait dans chaque goutte qui roulait sur ses plumes un minuscule éclair. Un jeune homme passa derrière moi en lisant Rimbaud à haute voix. Son visage était pâle, il ressemblait à un ange de plâtre au corps gagné par les

lichens et aux ailes brisées, un angelot qui serait allé de tombe en tombe pour se louer, un angelot du voyage, un errant. Il s'allongea sur une tombe, et disparut dans la pierre. Il était temps que je retourne boire un coup.

Je partageais mon temps entre Mathilde et papa, quand j'avais passé une nuit chez Mathilde j'essayais de passer une nuit chez papa mais, rapidement, je passais deux nuits chez Mathilde pour une nuit chez papa, trois nuits chez Mathilde pour une nuit chez papa, quatre nuits chez Mathilde... chaque jour je m'y installais un peu plus. Papa m'avait dit un jour, il y a longtemps, c'était le conseil d'un père à son fils quand il lui découvre à contre-jour de la moustache :
– Pour s'installer chez une fille il faut mettre son slip à sécher sur le bord de la fenêtre...
– Ah bon ? avais-je répondu en buvant mon premier Martini avec lui.
– Ah si, mon gamin, tu verras.
Puis il avait ajouté :
– Elle te va bien ta chemise d'homme.
– La cravate ça serre.
– Tu veux une cigarette ?
Il ne m'en avait pas dit plus, je m'en étais souvenu, alors j'avais mis mon slip à sécher sur le rebord de la fenêtre et Mathilde l'avait regardé avec attendrissement, et moi aussi je regardais avec attendrissement ses culottes qu'elle mettait à sécher sur un fil au-dessus de la cuisinière. Je ne savais pas encore comment on parlait de l'amour dans les livres – Shakespeare parle-t-il du slip de Roméo séchant sur un balcon Capulet ? – mais je savais déjà ce qu'était l'amour dans la vie, des slips et des culottes qui sèchent, qui rendent joyeux et qui font un petit quelque chose dans le cœur.

— Il y a autre chose que je sais, on n'offre jamais de livre pour un mariage, lui dis-je un soir que nous dînions dans sa petite cuisine. On offre des draps et les taies d'oreillers assorties, avais-je ajouté, ou de la vaisselle, ou des presse-purée mais des livres jamais...

Elle avait ouvert grands ses yeux.

— C'est vrai... mais c'est difficile d'offrir un livre à quelqu'un.

— J'ai bien acheté Dostoïevski, moi...

— Mais ce n'est pas un livre, c'est un monument de la littérature !

— Ça pèse pas plus lourd.

Elle me regarda avec un drôle d'air. Je voyais derrière elle ses culottes se balancer au-dessus des nouilles en train de cuire, la buée qui montait de la casserole allait partout dans le petit appartement et nous séparait du monde en se condensant sur les carreaux. Mathilde écrasait une sardine avec du beurre. La croix d'argent qu'elle portait au cou pendait au-dessus de l'assiette.

— Papa et maman ont quatre mille six cent cinquante-trois livres, me dit-elle ce soir-là, elle pinçait ses lèvres, et chez tante Sarah il y en a deux mille cent vingt-deux, chez ma sœur à Toulon huit cent treize, chez mon oncle Paul deux mille cent seize et ici il y en a huit cent quatre, en tout ça fait dix mille cinq cent huit et à la bibliothèque il y en a quatorze mille cinq cent quarante-quatre et moi depuis que je suis née j'en ai lu neuf cent trente-six... et chez vous ?

Elle leva les yeux de sa sardine.

— Vous en avez combien ?

Je baissai les yeux et commençai moi aussi à écraser ma sardine avec du beurre. Comment pouvait-elle tenir une comptabilité pareille ? Combien avions-nous de livres chez nous ? Quelle question ! J'avais compté les bières que j'étais capable d'avaler, ça oui, et les poils qui me poussaient aux fesses quand j'étais adolescent bien sûr et les fiancées que j'avais embrassées, et les minutes que duraient nos baisers avec la langue, tout ça, je l'avais compté avec délectation et fierté, mais les livres que nous avions à la maison ou les livres que j'avais lus depuis que j'étais né, jamais je ne les avais comptés ! Et pourquoi l'aurais-je fait ? Je n'en avais pas lu dix en tout... ou neuf... ou huit... alors pourquoi compter !

Mathilde jouait avec son ongle fin comme une lame à retirer de la sardine en bouillie une arête fine et molle, j'étais comme l'arête, jusque-là j'avais été bien au chaud dans ma bouillie de sardine et de beurre et Mathilde m'en tirait du bout de son ongle pointu pour me reposer la question.

– Vous en avez combien des livres chez vous ?

Comment savoir ? Chaque volume des Encyclopédies valait-il pour un livre, un seul ? Si oui, n'était-il pas scandaleux de mettre à égalité un volume de savoir universel avec n'importe quel roman de n'importe quel auteur ? – Dostoïevski, tenez, que je venais d'acheter alors que personne n'en voulait dans la boutique ! Chaque Digest valait-il seulement un livre, un seul ! alors qu'il proposait des extraits – le meilleur des livres, le reste étant le gras du livre comme on dit, et la redite – d'au moins trente livres *sélectionnés avec beaucoup de rigueur* ? Il existe des vaillants soldats qui valent toute une armée ! – c'est pas moi qui le dis, c'est Napoléon – alors, existe-t-il de vaillants livres qui valent à eux seuls une bibliothèque entière ? Un livre peut-il égaler cent livres ? Une armée de livres ? Combien de livres pouvait bien valoir la Paresse intestinale du Docteur Mathy préfacée par le Docteur Henry Dorval, un seul livre ? deux ? cent ? Moi qui suis parfois constipé, je dirais deux, au moins un par docteur. Au fond, existe-t-il seulement un livre qui vaille un livre tout rond ? Ni plus ni moins, un livre qui serait un livre pile ! Admettons... alors, si les livres que nous avions à la maison étaient des livres pile, nous avions quarante-huit livres pile, pas plus de quarante-huit, mais pas moins non plus de quarante-huit, vingt et un volumes de l'Encyclopédie universelle, vingt-six Sélections et la Paresse intestinale du Docteur Mathy, tout ça parfaitement pile. Comment dire à Mathilde que nous n'avions à la maison que quarante-huit livres pile, elle qui en annonçait, pour sa famille et pour elle, des milliers ?

– Combien ? insista Mathilde en mâchouillant un peu de sardine.

Il fallait me jeter à l'eau. Je criai avec ma voix de chez les parachutistes :

– Quarante-huit !

Avoir seulement énoncé le nombre me le fit apparaître tout joufflu, dans sa belle dimension de quarante-huit ! J'en fus tout surpris. Quarante-huit ! Quarante-huit livres ! Quarante-huit livres c'était beaucoup de livres finalement ! Énormément de livres ! Quarante-huit livres ça n'était pas rien ! Quarante-huit ! Des livres des livres et encore des livres ! Des livres par dizaines de livres ! Carrément des tas ! Quatre piles, si on en faisait des piles de dix plus une de huit, dix piles, si on en faisait des piles de cinq dont deux de quatre ! Nom de Dieu ! Tout ça !

Mathilde posa sa fourchette délicatement sur le rebord de son assiette.

– À nous deux, on a huit cent cinquante-deux livres, dit-elle en souriant.

Pour m'assurer absolument de la beauté replète du chiffre augmenté je hurlai avec ma plus belle voix de chez les parachutistes :

– On a huit cent cinquante-deux livres !

Et elle riait !

– Huit cent cinquante-deux livres ! Dont quarante-huit !

Quel bonheur d'avoir tous ces livres !

– Oui c'est ça ! Huit cent cinquante-deux livres, tous les deux !

– Huit cent cinquante-deux !

– Huit cent cinquante-deux !

Mes quarante-huit livres faisaient un œuf dans le ventre de ses huit cent quatre livres et l'arrondissaient comme un bébé. Avec mes quarante-huit livres, j'avais engrossé ses huit cent quatre livres, et avec nos huit cent cinquante-deux livres on était, ni plus ni moins, une sorte de maternité ! Qu'est-ce qu'on était bien, avec nos huit cent cinquante-deux livres dont mes quarante-huit livres ! Là, franchement, c'était une montagne de livres, non ? Des millions de pages ! Mathilde recommença de manger sa petite sardine écrasée avec du beurre et je pensais déjà que, putain... c'est pas moi qui lirais tout ça !

Mais je savais ce que j'étais capable de faire...

Les ranger ! Mathilde gardait ses livres dans des cartons empilés dans l'entrée. Alors que nous possédions à nous deux plus de livres que tous les gens de l'immeuble et même peut-être que tous les habitants de la rue réunis, on aurait cru que nous n'avions pas de livres puisque ces cartons, on aurait dit des cartons d'habits ! – alors que nous avions moins d'habits que les autres gens ! –, rien n'indiquait la présence dans ce petit appartement de toute une intelligence écrite par des gens intelligents. Nous cachions ces esprits éclairés dans le noir comme une portée de chiots malades.

Le voisin du dessous, monté un matin pour signaler que de l'eau gouttait sur ses livres ! n'avait même pas remarqué que nous en avions nous aussi, des tas ! Et du coup, je le compris dans son regard mauvais, nous n'étions pour lui que des voisins négligents qui lui avaient bousillé toute une rangée d'auteurs grecs (tu parles !) et nos livres ne l'avaient pas frappé, évidemment ! comment aurait-il pu en être autrement ? Des cartons pas déballés c'est des cartons pas déballés ! On vivait comme des gens du voyage. Et moi, je savais bien ce qu'il nous aurait fallu pour être de vrais propriétaires de livres : une bibliothèque ! Belle ! Blanche ! Ou teintée chêne, qu'on verrait depuis le palier quand on viendrait se plaindre d'une fuite d'eau sur une rangée de livres imaginaires !

Quand papa m'avait dit : pour s'installer chez une fille il faut mettre son slip à sécher sur le bord de la fenêtre, je crois qu'il aurait pu ajouter : et fabriquer un petit meuble pour les livres. Papa n'aurait pas osé dire franchement une bibliothèque, même un bar roulant, papa ne le disait pas, il disait, un petit meuble à roulettes pour ranger les bouteilles – mais c'est bien une bibliothèque dont il aurait parlé ! Une vraie bibliothèque avec des étagères et des séparations pour s'y retrouver entre tous ces auteurs dont pratiquement aucun nom n'était le même ! Il en faut de la longueur de planche pour séparer un Anatole France d'une Yourcenar ! Et des vis et de la colle pour aller de Balzac à Zola ! Et de la jolie peinture blanche pour ranger dessus les Série noire ! Et attention, il ne faut pas que ça penche ! sinon vous retrouvez Buffon sous le buffet ! Duras tombée sur Blondin et

Dante, son Enfer, en tas sur le plancher avec la Saga du Grand Nord et Chiens de traîneaux !

Recommandations importantes : il ne faut pas choisir de la planche trop épaisse, sinon la bibliothèque finit par cacher le livre qu'elle voulait montrer – comme à la visite médicale, quand on regarde une radiographie de son dedans, les os sont là, mais où est le reste ? – et il ne faut pas choisir non plus de la planche trop fine sinon elle ploie sous le poids des livres et, le temps fatiguant les assemblages, bientôt la rangée du dessus écrasera la rangée du dessous au point que la main de l'homme ne pourra plus se glisser entre le bois et le livre pour enlever la poussière. Autres recommandations importantes : bien prendre les mesures du mur et avoir de bons outils. C'est joli les livres qui rentrent juste. Les livres pile qui rentrent juste dans l'espace qu'on leur a créé. C'est une sorte de réussite déjà. D'ailleurs, souvent les jolies choses sur terre sont celles qui rentrent juste, Mathilde n'entrait-elle pas dans l'univers immense, juste ?

Elle glissa ses cheveux derrière ses oreilles. Elle avait des gestes courts et rapides, des gestes d'insecte. Les mouches, paraît-il, voient les choses plus lentement que nous, quand nous cherchons à les attraper d'un geste vif de la main ce geste vif leur apparaît dans toute sa lenteur, et la mouche s'envole avant que nous l'ayons saisie. Mathilde voyait-elle comme les mouches ? Elle tourna la tête et posa son regard sur les cartons de l'entrée.

– Il faudra que je vide ces cartons, dit-elle, comme si elle avait deviné ce que je pensais parce que, pour elle et sa vue de mouche, je pensais au ralenti.

– Quels cartons ? dis-je.

– Les cartons de l'entrée, ce n'est pas la peine d'avoir tous ces beaux livres pour les laisser dans des cartons.

– Comme des habits...
– Exactement, ajouta-t-elle, des habits...
– La bibliothèque, c'est le meuble le plus meuble de tous les meubles, en fait, dis-je, le meuble qui a le plus une mission, pareil que l'os du crâne qui est l'os le plus os de tous les os, l'os capital si tu préfères, la bibliothèque en fait c'est la boîte crânienne de la maison, en fait c'est ça, c'est le meuble en os capital...

Mathilde se leva chercher les nouilles. Les sardines avaient été bonnes. J'étais heureux et Mathilde semblait heureuse d'avoir rencontré un homme qui savait tourner des phrases sans s'emmêler les crayons, je crois.

– Les nouilles sont cuites, juste ! dit-elle, puis elle revint portant à bout de bras la casserole dont la fumée lui faisait une barbe, elle nous servit et les nouilles remplirent juste nos assiettes qui, une fois vidées, remplirent juste nos estomacs, comblant nos deux appétits.

À ce moment de notre vie, c'est-à-dire juste après les nouilles, je crus ressentir ce que ressent un livre bien rangé sur son étagère, quand il y rentre juste, à croire qu'il y est né. De la sérénité.

– Vous avez des catalogues où on voit des bibliothèques ? ai-je demandé.

La patronne du nouveau magasin de meubles installé dans la grand-rue leva sa main et pointa son index sur ma poitrine.

– Bibliothèque bien ordonnée commence par étagères bien pensées !

Puis elle ajouta :

– C'est pour vous ?

Son bras fit tourner autour de nos têtes un lasso de parfums. Elle était coiffée comme une mémère et portait des lunettes de star qui glissaient le long de son nez pointu, ce qui l'obligeait à les remonter toujours quand elle parlait.

– Vous voulez y mettre quel prix?

– Je voudrais juste voir un catalogue déjà si c'est possible...

Elle n'avait pas de lèvres et la gueule méchante, la peau bronzée, une robe ras les fesses et largement décolletée, la poitrine haute, les cuisses dures, les genoux pointus, les mollets collés à la jambe comme deux boules de glace caramel et surtout elle me fixait derrière ses lunettes sans quitter ce petit sourire qui semblait me dire qu'elle savait bien à quoi je pensais, va... vous n'êtes pas le seul...

– Vous avez un idéal de rangement?
– Pardon?
– La bibliothèque idéale n'existe pas, la meilleure façon de ranger, c'est la vôtre.
– C'est pour ranger des livres, dis-je.
– Vos livres ont-ils une normalisation en ce qui concerne les dimensions?
– Je crois que... oui... c'est-à-dire?
– Sont-ils standard?
– Ils sont dans des cartons.
– Jeunes mariés?
– Presque.
– Fiancés?
– Fiancés.
– Et vous avez le temps de lire?
– C'est pour ranger.
– Vous êtes encore jeune, dit-elle en souriant, vous aurez bien le temps de lire quand vous serez à la retraite... quoique, continua-t-elle, je vous dis ça mais moi j'adore lire quand le livre est bon et croyez-moi, dit-elle pour finir, ils ne sont pas tous bons même très mauvais surtout en ce moment.

Drôle de façon, pensai-je, je venais me renseigner sur les belles bibliothèques et voilà que déjà elle me dégoûtait des livres.

– Et ils ne sont pas beaux surtout, vous ne trouvez pas ?

– C'est pas comme les livres anciens, dis-je.

– Ah ça non ! Ils étaient reliés cuir ou peau...

Et elle ajouta en remontant ses immenses lunettes noires sur son nez :

– Résultat, ça traverse les âges.

Elle pivota sur ses talons, je la suivis à travers la longue boutique de meubles dont les miroirs accrochés en vis-à-vis nous multiplièrent une seconde à l'infini. Elle parlait en marchant.

– Tout est dans la séparation des tablettes, dit-elle, dix-neuf centimètres de haut et treize de profondeur, ça, c'est pour le livre de poche voyez-vous, et vingt-cinq de haut sur une profondeur de vingt c'est pour les éditions courantes, par contre trente sur vingt-cinq, alors là nous passons dans la catégorie plus sérieuse du livre d'art voyez-vous, c'est très beau dans une bibliothèque, trente-cinq de haut sur trente de profondeur ce sera pour les revues, c'est déjà autre chose, ou alors les albums, les dictionnaires, et les annuaires aussi si vous le désirez et quarante sur trente-cinq, vous y mettrez tous vos atlas... après ça, ajouta-t-elle, vous n'aurez plus qu'à vous plonger dans un bon roman !

Soudain je pensai à la constipation de papa, pauvre constipation du bon Docteur Mathy ! et j'eus alors cette idée saugrenue, que c'étaient les bibliothèques et pas les gens qui triaient les livres... l'esprit des planches, contre l'esprit des gens...

Je la suivis au milieu des meubles en direction du fond de la boutique, les angles et les moulures vernies y attrapaient un soleil plus doux – comme si le soleil maintenant nous arrivait d'un atelier derrière où on l'aurait poli –, elle se pencha par-dessus le bureau, plia la jambe droite, ramenant son talon à hauteur des fesses, et ouvrit un tiroir, son ventre s'écrasait sur un presse-papier cuivré en forme de canapé, elle tira un classeur qui devait peser dans les deux kilos et je vis ses omoplates devenir lisses et dures comme des planches à découper la viande le dimanche quand y a du monde, en bois d'olivier. Elle posa le classeur sur le bureau devant nous.

– Voilà, monsieur, vingt modèles disponibles à des tarifs vous allez voir tout à fait tout à fait... si vous voulez regarder... tout ça est modulable évidemment...

Elles étaient là en photos, les bibliothèques des gens riches qui lisent des livres par milliers de milliers de livres ! Des murs entiers ! Un trésor modulable ! Stupéfiant, la quantité de livres qu'il avait fallu écrire pour remplir ce catalogue, pour garnir de gauche à droite et de bas en haut ces meubles merveilleux – qui coûtaient des fortunes mais je m'en fichais, je n'étais pas là pour acheter, j'étais là pour leur piquer des idées –, combien d'heures il leur avait fallu pour écrire tous ces mots qui tapissaient maintenant les murs de manière impeccable ! avec juste ça et là disposés à des intervalles étudiés un vase ou une sculpture, un bocal à poisson, une photo, une plante – je me penchais pour mieux voir, non non, pas de coupe de pétanque –, mais encore un petit cheval en bois, un modèle réduit neuf de voiture ancienne, un jeu d'échecs en marbre, une petite panthère de métal jaune, un cube noir avec deux rangées de boutons blancs pour écouter de la bonne musique, ailleurs un bouddha doré – en or ! – séparait les livres d'une certaine taille des livres d'une autre taille. Tous ces auteurs si différents, je crois, dans le temps et dans l'espace comme dans le style et les idées, se retrouvaient ici dans une parfaite harmonie de formes et de couleurs, comme une équipe de foot bien soudée, tous écrivaient sous le même maillot. On aurait dit qu'ils se connaissaient, et s'étaient mis d'accord.

– Shakespeare est d'accord pour un format vingt-cinq sur vingt bleu ciel, vous faites quoi vous, mon cher Dickens ?

– Si Shakespeare est d'accord, je suis d'accord bien sûr... Et ça sera où ?

– Tout en haut à droite.

– Pas trop haut tout de même ?

– Non non, on vous saisira aisément en tendant le bras.

– Nous nous y verrons sans doute, cher Kafka ?

– Je l'espère.

– Au fait, cher ami, savez-vous si Sade sera là ?

– Dans une salle à manger, j'en serais bien surpris !

– À bientôt sur l'étagère, mon cher Kafka.

– Quel bonheur de vous y voir, cher Dickens !

– Au fait, quel est le maillot de l'équipe ?

– Toute la littérature du monde de telle date à telle date, excusez-moi je n'ai pas la mémoire des dates...

– C'est bien trouvé...

C'était une des forces de ces bibliothèques de compacter la pensée en jolis blocs colorés qui faisaient des murs de papier encore plus beaux que ceux en brique ! D'ailleurs, ces livres ressemblaient à des briques dont chaque grain aurait été un mot. Les livres à couverture rouge sang de bœuf étaient ensemble, les livres à couverture vert bouteille ensemble, séparés des livres à couverture sable par un cactus doublement fleuri, une fleur à droite, une fleur à gauche, c'était parfait. Propre. Régulier. Rassurant. Engourdissant même, parce que devant ces bibliothèques superbement photographiées on avait disposé sièges en rotin, canapés et fauteuils, lampes de chevet, tapis aux couleurs douces et bien assorties. C'était l'automne des sens. L'endormissement.

Quand on possédait pareille bibliothèque on devait énormément lire, c'est sûr, parce qu'on n'avait plus du tout envie d'aller travailler.

À mesure que je tournais les pages du classeur la dame faisait ses commentaires.

– Celle-ci est très très bien, voyez-vous, c'est la bibliothèque modulaire parfaite qui peut recevoir une, deux ou trois extensions pour s'étager du sol au plafond avec double système de tablettes fixes et régulières et son échelle en tube acier avec crochets spéciaux, et celle-ci, à côté, c'est ce que nous appelons par commodité la géométrique car pour éviter tout effet de masse les volumes cubiques convergent dans l'angle de la pièce, voyez-vous ici, pour créer un volume adouci, en aggloméré recouvert de mélamine pour un entretien quasiment nul et une résistance optimum à la flexion, j'aime aussi beaucoup la bibliothèque côté jardin, les livres tapissent le mur de séparation vers l'extension du jardin d'hiver...

– On habite à l'étage, dis-je.

– Dans ce cas celle-ci vous crée un mur fonctionnel qui peut servir de séparation avec un coin-jeu pour l'enfant si vous en avez un et vous en aurez, je le sais, ajouré c'est joli aussi, j'aime beaucoup la monumentale, pour moi c'est la Rolls, originale surtout, avec un fronton ouvragé, vous voyez l'escalier sans contremarche et le faux porche sculpté en médium laqué, c'est un travail superbe, c'est un temple, ah et celle-là, vous voyez les tons pastel, cinq tablettes en panneaux de particules décor frêne teinté vert, c'est jeune, c'est la plus jeune, je dirais si vous me le permettez que celle-là est pour vous, par contre celle que nous appelons coin du feu n'irait pas chez vous je ne crois pas, et l'intégrale non plus, non non ah non pas l'intégrale je crois... les invisibles, avec consoles de tablettes composées d'un profil plat vissé dans le mur... oui?... non?... ou bien tenez mieux encore, les encadrées dont j'aime beaucoup les rythmes, les étagères ouvertes sont réglables grâce à un système de crémaillères encastrées en laiton et les taquets supports en acier profilé pour une meilleure résistance, regardez ces modules!

Elle continua comme ça longtemps, j'entendais sa voix tourner près de mon oreille comme un moteur parfaitement réglé, contreplaqués en double épaisseur trente-deux millimètres recouverts de mélamine satinée en finition, et attention, monsieur, la couche d'enduit de lissage précède l'application au rouleau d'une peinture microporeuse!... espace lecture évolutif, croisillons d'étagères et de montants sapin du Nord verni mat, chevillés par tenons invisibles, tubes en acier coulissant dans des trous cylindriques percés au dos de la tranche des tablettes, vous voulez voir nos formules de crédit?

Quelle chanson! J'aurais pu inviter Mathilde à danser sur ces mots. Je l'aurais embrassée, tu parles! et elle m'aurait embrassé parce que la chanson parlait de ce qu'elle aimait plus que tout au monde, et ce qu'elle aimait était pour moi une chose à considérer très sérieusement.

Je remerciai la dame qui me regarda quitter sa boutique avec du mépris aux lèvres, et tout en marchant sur les trottoirs pleins de soleil je me récitais les tablettes et les modules et les taquets et les blocs en matériau pour offrir à Mathilde une bibliothèque extensible géométrique ajourée monumentale et tons pastel si bien fichue que du coup ma belle Mathilde serait tout à fait sûre d'avoir choisi le bon gars ! Je lui avais acheté un gros livre, Dostoïevski ! que j'allais ranger verticalement dans un module ! Et s'il me reste du bois, pensai-je, je lui ferai une table à repasser... Sur ce projet, je filai boire un coup.

Le patron du café du Marché rêvassait seul à son comptoir. La voix de la patronne arrivait distinctement, portée par l'air chaud de la cour. Je pris un demi.

– Lis pas de trop près, dit Irène, tu vas loucher et après tu vas rester coincée !

– Elle garde la gosse, me dit le patron en tirant la bière à la pompe, elle lui fait lire des livres.

Il secoua la tête.

– Au soleil !

Puis il se tourna en direction de la porte de la cour.

– Vous lisez au soleil sans chapeau ? mais vous êtes folles !

– On les a les chapeaux ! cria Irène.

Puis elle reprit ses recommandations.

– Redresse-toi, tu vas être bossue !

– Ça et le poids du cartable, ajouta le patron, on nous les tord avant l'âge.

– La lecture assis, c'est le vrai danger pour la colonne vertébrale, dit un client, ça écrase les disques et un jour on se réveille perclus, c'est arrivé à ma tante, je le sais.

La gamine lisait à voix haute, mais la voix d'Irène couvrait cette voix haute pas assez haute sans doute.

– *Renard fuyait, fuyait éperdu...*
– *Éperdument!*
– *Éperdu... ment...*
– *Éperdument.*
– *... fuyait éperdument, dépassant sans même les regarder les bornes de pierre des tranchées, coupant l'une pour reprendre l'autre, lâchant le taillis pour la coupe et la coupe pour la plaine, toujours poursuivi par l'implacable grelot.*
– Ne mets pas tes pieds l'un sur l'autre!

Couché sur le bout du comptoir, le chat bâillait. Ses canines pointues accrochèrent du soleil, faisant jaillir deux éclats.

– Elle met ses pieds l'un sur l'autre, dit le patron, il lui faudrait trois paires de socquettes par jour...
– *La lune se leva*, poursuivit la gamine.
– Redresse-toi!
– *Goupil regagna les taillis...*
– Corne pas les pages.
– Je corne pas, dit la gamine.
– Si! tu cornes!
– On répond pas à sa grand-mère! cria le patron.
– Continue, mon bébé, dit Irène.
– *... puis les fourrés épais au travers desquels son habileté de vieux forestier le faisait glisser comme une ombre sur un mur et où il espérait bien, à la faveur des ronces et des clématites, faire perdre sa trace au milieu farouche qui lui donnait la chasse.*
– Non! dit Irène. Relis.
– Tout?
– La fin.

— *... faire perdre sa trace au* milieu *farouche qui lui donnait la chasse.*

— Non! Relis mieux, tu ne fais pas attention... tu inventes!

— Elle invente, répéta le patron avant de soupirer un grand coup, il avait toujours mon verre à la main, il écoutait la gamine.

— *... faire perdre sa trace au limier farouche qui lui donnait la chasse.*

— Limier, répéta le patron.

— Limier, répéta Irène, pas milieu voyons...

— Limier, redit la gamine pour se le mettre bien en tête.

— Tu as vu tes ongles? Elle te fait pas les ongles ta mère? Après tu feras tes ongles, et te mange pas les petites peaux!

Et la gamine reprit le cours lent de sa lecture au soleil. Le patron trempa le pied de mon verre dégoulinant de mousse épaisse dans le bac d'eau fraîche, puis il le posa devant moi et ajouta :

— C'est pas un temps à lire pour un gosse, c'est un temps à faire du vélo.

Les gens qui lisaient des livres m'attiraient. Physiquement, ils m'attiraient. Leur immobilité m'attirait. C'était une immobilité de sentinelle. Depuis peu de temps je m'amusais à les chercher. J'en découvrais partout dans la ville de ces soldats qui pouvaient rester si longtemps sans bouger, dans les squares, au bord de l'eau, à la terrasse des cafés et même cachés dans des guérites à l'entrée des parkings! Je découvrais qu'il suffisait de tenir un livre à la main pour avoir le droit de ne plus bouger, des heures durant, des jours, des étés entiers! Un livre, à condition qu'il soit ouvert devant vos yeux ouverts aussi, vous donnait le droit de ne rien faire de vos dix doigts ou si peu ! Il vous donnait le droit de laisser passer le temps. Je me baladais d'un lecteur assis à un autre lecteur assis comme si j'allais d'un coin à champignons à un autre, ils étaient posés là sur la terre dans des trouées de soleil, ces bolets liseurs, avec leur gros chapeau et la sueur au front qui signalait le passage d'une bande de limaces. Quelle patience il fallait ! De tous ces liseurs des bois un seul, ce jour-là, après que j'eus quitté le café du Marché, me parut être du genre humain. Ce gros champignon tout en lisant se grattait le cul.

Combien de livres fallait-il lire pour être intelligent et cultivé ? Cent ? Mille ? Dix mille ? Devenait-on intelligent et ensuite cultivé ? Ou le contraire ? La culture avant l'intelligence ? L'intelligence venait-elle au lecteur après quinze livres et la culture après cent livres seulement ? Et si l'intelligence naissait à quinze livres, où était-elle à quatorze ? Était-ce toujours le dernier livre lu qui plantait sur le haut de notre crâne le drapeau de l'intelligence et de la culture comme un soldat sur une colline prise à l'ennemi, après que tous les autres soldats – tous les autres livres – ont déblayé le terrain ? Que ressentait-on, à cette seconde bénie où la culture nous remplissait ? Une chaleur ? Une lourdeur ? Au contraire une légèreté ? Une fraîcheur ? Par quel miracle se retrouvait-on le verre à la main, les glaçons dans le whisky et les bols de cacahuètes entourés d'amis ? Bohumil Hrabal oh là là quel manège ! Et Duras oh là là quel ennui ! Pouvait-on lire et n'en rien dire ? Pouvait-on garder le secret ? Cela avait-il un sens, au fond, de lire et de ne pas en parler ? Lire servait-il à faire parler ? Le silence des mots lus poussait-il vers le dehors le chahut bruyant des mots dits ? Comment se supportaient-ils, les silencieux et les bavards, dans la même tête ? À moins qu'ils ne soient logés à deux enseignes ? Existait-il en nous le dortoir des mots lus et le dortoir des mots dits ? À ne rien lire jamais, garderions-nous dans nos esprits un dortoir toujours vide ? Du coup, les mots dits quittant leur dortoir exigu envahiraient-ils une nuit le grand dortoir vide pour se glisser dans les lits blancs inoccupés, interdisant à jamais le repos d'éventuels mots lus ? Et puis aussi, se souvient-on plus facilement d'un livre qu'on aurait lu en braille ? Le bout des doigts ferait-il mieux le travail de lecture que nos yeux ? Devrions-nous tous apprendre à lire en braille ? Nos doigts devenus fins lecteurs de Lamartine et Maupassant sauraient-ils donner au corps des jeunes filles de plus doux plaisirs ? Les seins de Mathilde aimeraient-ils reconnaître dans mes titillements la littérature chinoise de la fin du seizième siècle ? Un beau passage de Bossuet ? Et mes doigts laissant sur son ventre quelques mots doux de la Marquise, Mathilde chuchoterait-elle dans la nuit le nom de ma caresse, Sévigné ?

N'empêche, il fallut que je me lance... Mathilde avait invité des amis de la mairie pour faire admirer notre bel amour ; deux hommes, un gros barbu, un chauve, deux femmes, une belle dame en tailleur bleu sombre et une jeune fille en pull marin... ça y était, misère ! Il allait me falloir répondre à des gens qui lisaient et, surtout, qui lisaient pour de vrai.

– Alors vous lisez beaucoup ? me demanda la belle dame en tailleur bleu sombre au visage plein de petites rides, surtout au coin de la bouche et des yeux, jolies traces laissées par des jours et des nuits de lecture... ça allait chauffer...

– Moi ?
– C'est ce que Mathilde nous a dit.
– Oui oui oui, avais-je répondu.
– Quoi ?
– Ça lit un para ? dit le gros barbu en riant.
– Plus qu'on ne croit ! s'insurgea Mathilde, elle se tourna vers moi, confiante, la pauvre... elle s'exclama : C'est sa passion ! quand il était petit, il apprenait par cœur les définitions des encyclopédies !
– Capitale du Togo ? demanda immédiatement le gros.
– Mais non, Mathilde, lui dis-je en souriant jaune bougie rance, tu exagères.
– Si vous aimez lire, avec Mathilde vous serez servi ! dit le chauve amicalement.
– Oh, vous savez, je n'ai pas de mérite, la lecture, tout le monde en lit, dis-je.
– Quoi ? insista la dame.
– Tout, dis-je en regardant les cacahuètes dans le bol, Kafka, Ponge, tout ça...
– Mais encore ? insista le barbu, il avait sa proie, heureusement le chauve se taisait maintenant, il déchiffrait l'étiquette sur la bouteille de vin, je sentais qu'il n'avait jamais lu un bouquin cet homme, les petits se reniflent entre eux à la façon qu'ils ont de lire les étiquettes de vin justement, j'espérais seulement qu'il ne me flairait pas comme je le flairais moi.
– En particulier rien, un peu de tout... dis-je en souriant à la ronde, vous voulez des cacahuètes ? et je tendis le bol, faut finir !
– Les auteurs actuels ? demanda la jeune fille en pull marin, en se penchant sur le bol, elle prit une poignée de cacahuètes.
– Bien sûr, avais-je répondu calmement, moi j'adore lire quand le livre est bon mais croyez-moi

en ce moment ils ne sont pas tous bons même très mauvais – quel con ! – mais j'en lis et les autres aussi je fais pas de racisme...

– Qui par exemple ?

– Tous ceux de maintenant à condition que l'écriture soit là – quel con ! – et bien là...

– Ah...

– Mais c'est mon goût personnel, dis-je, avant de sourire comme un débile et de partir me réfugier dans la cuisine pour éplucher de l'ail... Peut-être qu'avec plein d'ail dans les tomates, on arrêterait de parler... rien du tout ! L'interrogatoire reprit et plus serré encore, dès les entrées, tous s'amusaient à fouiller dans le crâne du petit fiancé de la bibliothécaire.

– Vous connaissez Mauriac ?

– Euh...

– Vous avez lu Mérimée ?

– Mérimée ? Un peu mais bon...

– Et Mailer, vous aimez ?

– Ça dépend...

– Joyce, son Ulysse ?

– Alors ça oui par contre...

– Le nouveau roman, quel scandale !

– Mais faut pas lire ça ! dis-je. Il y a tellement de choses à lire à part ça...

– Quoi par exemple ? demanda la jeune fille en pull marin en faisant glisser un petit bout de pain sur le pourtour de son assiette.

– Ce ne sont pas les bons qui manquent ! Il suffit d'être un peu curieux en fait...

– Emmanuel Bove ?

– Strasbourg ? Sa saucisse ? demanda le chauve, lui, je l'aimais bien.

– Et Malraux ? Et Gautier ?

– Malraux oui, Gautier non, dis-je, les mots venaient comme ça.

– Vous n'aimez pas Théophile Gautier ?
– Euh... aimer ? c'est-à-dire ?
– Apprécier.
– Euh... hein ? dis-je, je sursautai, sur les nerfs.
– Gautier !

Il fallait frapper un grand coup. Je frappai pendant le gigot, entre la première et la seconde tranche, au milieu des flageolets, pendant que le jus circulait, très exactement quand le gros barbu fit couler le jus sur sa viande, le sang traçait des rigoles entre les flageolets, morne assiette, pauvre gigot à la Waterloo.

– Que pensez-vous tous, dis-je, de ce passage où la fille de Stéphane Trophimovitch prend la main, sous les arbres, de Nicolaï Vsévolodovitch Stavroguine, quand il lui déclare son amour avant de partir à la guerre – je disais n'importe quoi –, pour moi il y a dans ce passage des Possédés la vision du monde de Dostoïevski ! non ?

Un ange passa et sortit par la fenêtre avec sa petite valise et son chapeau. Mathilde m'envoya un baiser discret. Je réussis à lire sur ses lèvres : je t'aime... Dorénavant, on parlerait seulement gruyères suisses et fondue aux champignons.

– Vous savez, moi, les gruyères suisses, je n'y connais foutrement rien ! avouai-je, grand seigneur.

– On peut pas tout savoir, dit le chauve.

Il était grand temps de déboucher un autre gaillac. Un régal.

Papa était comme certains soldats que j'avais côtoyés en Guyane et qui devenaient invisibles sitôt qu'ils entendaient un bruit suspect dans la jungle ou dans l'eau, ces hommes devenaient le silence, l'ombre et la lumière et soudain vous ne les voyiez plus, papa savait se cacher dans l'ombre et le soleil non pas dans la jungle, mais dans son potager, et quand on le cherchait alors qu'il ne voulait parler à personne il se mettait à contre-jour près du cerisier, derrière les treilles de haricots, accroupi au milieu des tomates ou des grandes feuilles de potiron, du coup personne ne l'emmerdait et on pouvait appeler, appeler, jamais papa ne répondait ! Au café des jardins, on le surnommait Léopard tomate ! parce qu'il portait un treillis léopard pour jardiner et qu'il savait se cacher tout entier derrière une tomate. Parce que des fois son nez prenait la couleur du fruit. Parce que des fois il était rond. Parce que la patronne du café des jardins aimait les noms et les surnoms, elle appelait sa chienne Cosette et son chat monsieur Vladimir Nabokov. Il est où monsieur Vladimir Nabokov ? demandait-elle quand dehors il se mettait à pleuvoir ou quand à la saison des amours elle entendait des chats qui se battaient, encore à griffer des gamines ! Je me suis toujours imaginé qu'il y avait une histoire d'amour entre papa et la patronne du café des jardins mais papa n'en parla jamais.

J'étais venu lui emprunter des planches. Il avait un peu picolé. Il s'était allongé au milieu du jardin, la cigarette aux lèvres, les yeux grands ouverts, il regardait le ciel. Les nuages se développaient en hautes tours blanches, sombres à leur base et d'un blanc resplendissant au sommet. Des milliers de tonnes d'eau plus légères que des pétales de fleur. Papa avait acheté ce potager en dix-neuf cent soixante-neuf, l'été où l'homme avait posé le pied sur la Lune. Cinquante mètres de côté sur cinquante mètres de côté.

– Bien plus grand que la Lune ! disait papa.

Le jour où le bout de terrain plus grand que la Lune fut vraiment à nous, papa alla arroser ça avec des copains. Notre rêve se réalisait. Nous posions enfin le pied sur la terre.

– Un petit pas pour l'homme, avait dit maman quand papa était rentré du café complètement bourré, il tenait à peine debout, mais un pas immense pour ton père qui peut même plus lever la jambe !

Papa était tombé en se prenant les pieds dans le tapis de ronces, presque à l'endroit où, maintenant, il était allongé. Je sais bien à quoi il pensait. À maman quand elle lisait sur une chaise près de la cabane. On venait au potager tous les dimanches après manger, surtout à la belle saison – sauf bien sûr quand on allait à la mer – et on y restait tard, on attendait que la nuit se pose dans les pêchers, qu'elle descende le long des glaïeuls avant de s'étaler entre les melons et sur les pages du livre. Je ne sais pas si maman lisait vraiment. Elle regardait papa bêcher et arracher les mauvaises herbes, elle regardait les quelques arbres qui nous appartenaient, elle regardait le ciel au-dessus de nous, le livre sur les genoux qu'elle caressait comme un chat, parfois aussi elle fermait les yeux, plusieurs minutes, puis elle les rouvrait, lentement, elle redécouvrait notre potager, elle souriait...

– Qu'est-ce que c'est grand, disait-elle.

Papa cessait de bêcher pour mesurer son bonheur.

– Le double du voisin !
– Tu veux que je t'aide ? demandait maman.
– Certainement non, toi tu lis !

Par-dessus le mur on voyait le jardin du voisin, et le voisin faisait bêcher sa femme, sa femme qui ne lisait pas des livres...

– Une jument, cette femme ! disait papa.

Puis il demandait à maman en forçant sa voix qu'on pût l'entendre de tous les autres jardins :

— Il est bien le livre que tu lis ?
— Formidable ! disait maman.
— Tu en es à la combientième page ?
— Cent trente-six.
— Déjà ? Tu lis comme un avion, ma parole !

Alors que les autres jardiniers avaient des femmes qui bêchaient, papa aimait une femme qui lisait des livres.

— Cent trente-six sur combien ?
— Deux cent quatre-vingts, disait maman.
— Deux cent quatre-vingts, s'exclamait papa, putain, mais c'est trois cents !

Vers la fin de la journée seulement, maman plongeait vraiment dans son livre, quand la fraîcheur du soir commençait à tomber. Elle qui voulait rester assise encore sur son petit bout de terre et utilisait son livre pour ralentir le temps. Comme les voisins étaient partis, bien sûr, papa changeait de ton.

— Tu t'abîmes les yeux à lire comme ça !
— Mais non, ça va, disait maman.
— Tu t'abîmes la pupille, je te dis.
— Chut ! Je lis !
— Je range les outils, on rentre.
— Chut ! je lis !

Maman lisait jusqu'au dernier moment. Jusqu'à la rosée qu'on ramassait dans les cheveux. Jusqu'à la lune. Quand les melons disparaissaient dans le noir et que les étoiles fleurissaient dans le ciel, alors on rentrait à la maison, à pied, le livre bien en vue sur le panier par-dessus les salades, souvent c'étaient des romans policiers empruntés à des collègues de l'hôpital parce que les infirmiers de garde ne lisent que ça, il paraît, la nuit.

Maman portait le panier. On passait sous la lumière des lampadaires, la couverture du livre luisait d'un coup sur les légumes comme un morceau d'ardoise et s'éteignait quand nous entrions de nouveau dans l'ombre. Je me souviens d'avoir compté ces battements de lumière, du potager à la maison, sept fois le livre s'allumait et sept fois il s'éteignait dans la salade ! Un vrai lampion ! D'autant que maman couvrait les livres avec du papier cristal depuis que papa lui en avait détrempé un en arrosant les fleurs, et ce papier cristal brillait encore mieux à la lumière. Une fois, le livre ne s'alluma que six fois. L'ampoule devant chez nous avait grillé.

Papa sursauta en m'entendant venir. Il se leva et mit un certain temps à se tenir en équilibre. Ses oreilles rouges chauffaient comme deux plaques de ferraille. Il me regarda en plissant les yeux, aveuglé par le blanc resplendissant des hautes tours de nuages, il devait voir le jardin, la cabane, moi, tout en noir.

– C'est toi, mon gamin ?
– T'aurais pas des planches ?
– Dans la cabane, c'en est plein qui servent à rien.

Je trouvai dans la cabane tout ce dont j'avais besoin. Des planches, serre-joints, scie, marteaux, des vis des clous des chevilles de la colle et même de la vieille peinture et des pinceaux, tout ça en vrac au milieu des cageots, des outils de jardin, les arrosoirs, les sacs de graines et d'engrais, il restait encore de la place pour des grands sacs de terreau, de la paille et des seaux de petit gravier.

La chaise de lecture attendait sous la fenêtre dont on avait remplacé un carreau cassé par un calendrier des postes. La lumière du jour coulait sur la paille de la chaise.

— Et tu veux en faire quoi de ces planches ?

Papa se découpait à contre-jour dans l'encadrement de la porte. Il avait retrouvé un peu d'autorité en même temps qu'un peu d'assiette.

— Un truc, dis-je.
— Quel truc ?
— Tu verras...

Il tira un grand mouchoir de sa poche, s'épongea le front dans un sens et puis dans l'autre avant de s'asseoir sur la chaise de lecture. Son poids fit grincer la paille. Sa tête arrivait juste sous la fenêtre et la lumière crue du dehors lui faisait les oreilles en gelée. Il se leva, tira de nouveau le mouchoir de sa poche, se moucha et se rassit en arrachant à la paille son petit cri. Je crois qu'il faisait chanter la chaise pour me faire avouer.

— Une bibliothèque, dis-je.
— Un meuble pour ranger les livres ?
— C'est ça.
— Et pourquoi tu fais ça ? On a ce qu'il faut à la maison.
— C'est pas pour chez nous.
— Ah... pas pour chez nous...

Il sortit dans le jardin. Il s'installa sous un arbre. Prit son air le plus mauvais. Regarda le ciel.

Les hautes tours de nuages blancs s'effondraient une à une dans le ciel comme si on les avait fait sauter à la dynamite. Les gros blocs tombaient lentement sur les vergers ou sur les toits. Était-ce un signe du ciel ? La plus haute de ces tours, visiblement soumise à des vents contraires terribles, se disloqua, débitée en tranches de nuage qui se superposèrent, s'étagèrent en altitude, et sur ces phénoménales planchettes de vapeur vint s'aligner joliment par petits groupes réguliers tout un ensemble bien calibré de noires hirondelles. Voilà comment le ciel s'y prenait pour classer ses oiseaux. À moins que ce ne fût l'œuvre de papa. Il me disait peut-être : vas-y petit con ! Fais-la ta bibliothèque ! Nous, le ciel les nuages ta mère et moi, on n'en est plus là !

Je me mis au travail. Je les voyais déjà tous ces beaux livres posés sur mes bouts de bois. Net. Sans bavure. Une bibliothèque de cette taille-là, c'était un objet exceptionnel chez des gens normaux – comme avoir un flipper ou un baby-foot professionnel de vrai café dans son garage –, une bibliothèque dans la maison ça voulait dire aux gens qui passent : regardez tous ces livres qu'on a lus ! Qu'on relirait forcément un jour ! Une bibliothèque à la maison, ça voulait dire qu'on lisait plusieurs fois les mêmes livres tellement on les aimait...

Les morceaux de planches sentaient bon la sciure. Ils étaient doux dans la main. La colle à bois sentait l'école. Un peu de vent traversait les arbres. Les feuilles des cerisiers lançaient partout des éclats roux dans le soleil. Chaque coup de marteau chantait le nom d'un auteur ! Boum ! Chateaubriand ! Boum ! Albert Camus ! Boum ! Günter Grass ! Chaque plainte de la scie louait une légende littéraire ! Riiiiik ! Marcel Aymé ! Riiiiik ! Ferdinand Céline ! Riiiiik ! Le Docteur Mathy ! Et les vis qui entraient dans le bois sifflaient les monstres sacrés ! Zouik ! Faulkner ! Zouik ! Hugo ! Zouik ! Gogol ! De temps à autre papa soupirait pour montrer que je travaillais comme un manche ou bien il pouffait de rire quand il sentait la lame partir de travers.

– Mais non, criait-il, pas comme ça ! Eh ben, il va être beau le meuble ! Mets un peu de colle sur la pointe des vis ! C'est pas d'équerre ! Place mieux ton serre-joint ! C'est pas le bon marteau !

En tirant sur son mégot, ce sale vieux corbeau me regardait faire mon nid.

– La voilà !
Papa nous avait joué tout un mystère pour nous attirer dans une brocante. Il voulait nous montrer une affaire.
– C'est elle.
La bibliothèque attendait au milieu des vieilles armoires et des bois de lit sous un auvent de plaques ondulées verdies par les pluies. Parmi tous les autres meubles et dans le silence de la cour fermée, la bibliothèque avait l'air d'être pensive. On voyait bien que ce meuble pensait des choses que ne pensaient pas les armoires ni les machines à coudre ni les anges en pierre ni les carrioles – comme certains vieux lits ont l'air d'être endormis ou les vieux encriers de connaître la grammaire et l'orthographe –, la bibliothèque que voulait papa lisait plus de livres que la totalité des autres meubles réunis, ça se voyait comme une poignée au milieu de la porte. C'était un meuble verni pratiquement neuf, bas et très large, panoramique moderne avec une vitrine coulissante derrière laquelle on mettait les livres bien en vue. On s'était tus un instant. Maman serrait son sac à main sur son ventre. Sa robe bleue attirait les poussières dansantes. Le brocanteur écartait les meubles pour faire de la place. Nous restâmes immobiles longtemps à regarder la bibliothèque moderne à coulisses. Ou bien peut-être était-ce la bibliothèque à coulisses qui nous regardait ? Qui nous jaugeait, derrière ses vitres comme une intello à grosses lunettes ?

– Vous avez vu ça, ce que c'est ? dit le brocanteur en faisant coulisser les vitres. C'est des vitres qui coulissent, vous avez vu ?

Il les fit jouer une fois, deux fois, trois fois pour bien montrer que ces vitres coulisseraient des milliers de fois, si toutefois nous avions absolument envie de les faire coulisser des milliers de fois, mais papa le rassura tout de suite.

– C'est pour ranger des livres, c'est pas pour jouer avec!

Et maman d'ajouter :

– C'est pas un trombone.

Elle plissa les yeux et ses lèvres remuèrent faiblement. Maman rangeait les livres mentalement. Si la main a besoin de l'esprit pour essuyer la vaisselle, l'esprit n'a besoin de personne pour ranger les beaux livres. C'est ce qu'on appelle le rangement mental.

– C'est un meuble que j'ai récupéré tout neuf, expliqua le brocanteur, parce que les propriétaires ont perdu leur fils dans un accident à la scierie et comme ils vivaient tous sur le salaire du fils ils se sont retrouvés presque à la rue à devoir rembourser l'argent des emprunts de la banque...

– C'est du Zola! remarqua maman.

Le brocanteur sut alors à qui il avait affaire.

– Zola justement c'est pas des livres de deux pages! c'est des énormes bouquins n'est-ce pas, madame, vous qui connaissez! s'exclama le brocanteur. Et vous avez vu la largeur du rangement? Les gens dont je vous parle qui me l'ont vendu avaient tapissé le fond avec une vue des Pyrénées, c'est vous dire la largeur!

C'était la bibliothèque qu'il nous fallait car l'Encyclopédie universelle avec ses vingt et un volumes valait bien à sa manière une chaîne des Pyrénées.

– On la prend! dit papa, puis il se tourna vers maman. Une vue des Pyrénées!

On embarqua le meuble. On roula doucement le long de la promenade bordée de platanes. L'ombre verte des grands arbres teintait le pare-brise de la camionnette du brocanteur. On s'était tassés à l'arrière. Maman tirait sur sa Pall Mall. Le foulard noué sur sa tête frissonnait dans le vent. On s'arrêta boire un demi panaché bien blanc pour remercier le brocanteur de nous transporter la bibliothèque et aussi pour acheter des cigarettes. L'odeur du tabac blond se mélangeait à l'odeur de l'essence et à celle du cuir des sièges troués. Tassés comme nous étions à l'arrière, nous ressemblons à nos livres, dit maman en riant.

Une fois les gros livres rangés dans l'ordre des tomes depuis le premier jusqu'au dernier, vingt et un ! c'était encore plus beau que la chaîne des Pyrénées ! On s'était mis autour de la table pour imaginer le moment du repas dans ce nouveau décor. On s'était assis en rond près de la bibliothèque vernie pour sentir l'effet qu'elle produirait sur nos amis quand on les inviterait à boire le café. On s'était reculés jusqu'au bout du couloir. On pouvait apercevoir notre barrière de livres de presque tous les recoins de la maison et même des lits en laissant les portes ouvertes, en retirant la plante verte du buffet, en ouvrant le côté droit de la fenêtre qu'on bloquait à quarante-cinq degrés avec un bouchon, en tirant le rideau, en laissant la lumière allumée, on voyait son reflet dans les vitres.

Ce premier soir ne ressemblait à aucun autre soir. On avait mis la table en parlant de la profondeur de l'océan Pacifique. On avait mangé des côtes de porc et de la purée en parlant du nombre des étoiles dans le ciel et de la température du soleil, une température impossible à imaginer pour l'esprit humain... On avait bu le café sans rien dire. On avait traîné avant d'aller se coucher. Le silence de la nuit venue chez nous avait changé de nature. C'était un silence plus intelligent que n'importe quel bruit que nous aurions pu faire. C'était un silence de bibliothèque justement. Avec dans le fond du silence comme le son d'une étoffe épaisse glissant par terre. Et tout ce qui ajoutait son silence au silence existant paraissait réfléchir. S'asseoir dans ce silence des livres, sans rien faire ni rien dire, donnait déjà l'impression d'avoir lu. Les étoiles que nous pouvions apercevoir dans la bande de ciel noir au-dessus de l'église devenaient un immense dessin technique placardé dans la nuit. L'univers, autour de nos livres, se dessinait à grands traits simples à comprendre. Le ciel devenait l'image du ciel, la fenêtre, propriété des angles, et nous-mêmes devenions dans notre immobilité l'image d'une famille dans la seconde moitié du vingtième siècle. À nous poster aussi près de ces livres, finalement, nous entrions dedans ! Comme on dit, nous étions absorbés par les livres. Avalés vivants.

Il ne fallait pas trop s'éloigner des livres quand même ! Sur le trottoir au pied de la maison le charme était rompu, mais dans un rayon de cinq à six mètres on profitait sans problème de tous les avantages de la lecture sans en avoir aucun inconvénient, l'inconvénient majeur étant que, pour lire un livre, il faut le lire du début jusqu'à la fin et sans sauter les gros passages. Il n'y a pas d'autre moyen, on n'en sort pas. Qui inventera jamais la lecture qu'on ne lit pas ! La lecture qui s'imprime directement dans le cerveau, et surgit au moment bien choisi, quand on discute à table. Tel livre ? Hop ! Apparition mentale et discussion.

— J'adore le début, quand le héros dit : je ne suis jamais né.

— Moi c'est la fin qui m'a surpris ! Cette mort, dans le hangar, j'avais le frisson.

Suivi d'un temps. Le temps qu'il faut au livre pour se dérouler dans les têtes, et le temps qu'il faut aux convives pour reprendre une bouchée, mâcher, avaler.

— La fin dans le hangar ? Ah oui, c'est très juste, il meurt sur le port.

— Il l'avait dit au début d'ailleurs, qu'il mourrait près de la mer.

Le temps pour le livre de revenir en arrière.

— Vous avez raison, page six.

Quoique... Où serait alors le plaisir de parler des livres, s'il n'y a eu l'effort de les lire ? Ou l'effort de faire semblant de les avoir lus ? Faudra-t-il toujours que nous perdions plusieurs dixièmes d'acuité visuelle pour être parfaitement heureux ? Non vraiment, on ne s'en sort pas ! Pour lire, il faut vraiment lire avec ses yeux. Ou écouter quelqu'un lire pour nous. Mais écouter quelqu'un lire ! Vraiment ? Est-ce encore de la lecture ? Non ? Ce serait mettre les yeux du liseur dans ses oreilles ? Se les fourrer tout bonnement dans les conduits comme des boules Quiès ? Je ne sais pas. Je ne sais plus.

— Vous allez où avec toutes ces planches ? me demanda la concierge.

Le chien aboya. Je traînais une forte odeur de peinture neuve. Je m'étais posé une casquette sur la tête pour faire bricoleur sérieux. J'avais bien essayé de me coincer un crayon gras derrière l'oreille comme le font les beaux menuisiers mais le crayon n'avait pas tenu à cause de mes oreilles décollées.

— C'est une bibliothèque démontée à remonter pour ranger les livres.
— Une bibliothèque !

Elle me fit entrer chez elle et m'offrit un café. Son mari était assis à table. La main dans une cage à oiseaux, il essayait de saisir le canari qui ne se laissait pas faire.

— Enculé !
— C'est le monsieur du dernier, dit la jeune femme, il se construit une bibliothèque.
— Eh ben, y en a qui ont le temps...

Il saisit l'oiseau dans sa grosse main et le sortit de la cage. Il le trempa dans un bol rempli d'une poudre, puis il le frictionna.

— Il a des poux.
— Ça a des poux les oiseaux ?
— C'est plein de vermines, surtout les hirondelles ! dit-il tout en faisant rentrer la poudre sous les plumes d'un beau jaune citron.

La concierge me tira par la manche.

— J'aime beaucoup ça, les livres, murmura-t-elle, puis elle ouvrit l'étage supérieur du buffet dans lequel étaient empilés des centaines de petits bouquins, libérant l'odeur sucrée du vieux papier.

Elle redressa une pile qui avait tremblé. Repoussa dans l'angle une autre pile. Caressa la couverture des fins ouvrages rangés sur le dessus. Les traits de son visage s'adoucirent. Elle devint pâle. Ses épaules s'arrondirent. On aurait dit qu'elle allait s'évanouir. C'est à ce moment que je reconnus la dame qui achetait des petits livres sur le marché, la dame pâle qui cherchait des histoires d'amour qui finissent bien et qui ne sont pas de maintenant, avec tous ses gamins accrochés au panier. La concierge savait se transformer à toute vitesse en la Marquise aux coquelicots, le contact des livres lui donnait la formule.

– Dans une autre vie, j'étais écrivain, dit-elle.
– Écrivine ! corrigea son mari.
– Vous y croyez, vous, aux autres vies ?
Le mari ne me laissa pas le temps de répondre.
– C'est vous qui avez une fuite d'eau chez vous ?
– C'est réparé, dis-je.
– Le voisin est venu se plaindre ici, continua le mari, vous lui avez abîmé ses livres avec l'eau dessus.
– Des auteurs grecs, précisa la concierge.
– Les auteurs grecs c'est des cons, continua le mari qui massait toujours entre ses doigts le petit oiseau, moi je lis pas, dit-il, c'est ma femme qui lit...
– Après ma vaisselle.
Je bus mon café. Je sortis. Alors que je montais les premières marches j'entendis le mari qui disait :
– Les virgules, les points, les points-virgules, j'y comprends rien mais je m'en fous, à la télé y a pas de virgules !

Je réussis à tout installer dans la journée comme je voulais, avec montants solidaires et plateaux amovibles, un bijou de rangement juste un peu de travers, ça lui donnait d'ailleurs un charme fou, comme si la bibliothèque avait été frappée d'un léger strabisme. Le mur qui avait été un mur du fond sans grand intérêt devenait le mur le plus sensible de notre maison. Il était devenu *le* mur des émotions. La lumière du jour caressait les planches et en tirait des ombres douces, entre le gris et le vert sombre, des ombres qui paraissaient épaisses et vivantes, d'une matière approchant celle de la vase. Cette partie de la maison s'était considérablement alourdie pour l'œil, avec des triangles de lumière jaune qui faisaient penser à des pyramides, car les planches donnaient déjà des envies de voyage. Je tirai le fauteuil pour m'asseoir face au mur. Mon travail sentait bon, c'était une odeur fraîche et neuve qui me faisait penser à l'odeur du cartable une veille de rentrée des classes. C'était l'odeur d'avant-faire. L'odeur du succès. Le sommeil me gagnait.

– Et si je les gardais comme ça avec rien dessus mes jolies étagères?

Tout de suite après, je m'assoupis... quel bonheur... le pan de mur et ses ombres... l'odeur de l'herbe au soleil... la voix de Mathilde à travers le vent... portée par lui sans doute... légère... une poudre... une lumière comme sur la lune... un parfum...

Mathilde sentait la violette. On marchait dans les rues en se tenant par le bras, on faisait des grands détours par les artères les plus passantes pour que tout le monde nous voie bien, le fils de Lulu avec la belle bibliothécaire! on descendait jusqu'à la rivière, jusqu'au vieux moulin, je m'admirais dans l'eau, Narcisse plein de pétales, ensuite on traversait le pont en direction du stade et on remontait vers le centre-ville par les promenades où l'on savait s'attirer par des éclats de rire et des câlins l'attention des familles. Les gens nous regardaient passer, ces mêmes gens qui ne regardaient pas passer les autres amoureux. Je m'étais glissé dans la ceinture un livre, dans les poches de la veste d'autres livres et dans la poche arrière de mon pantalon un autre livre encore et c'est ça que les gens regardaient, la beauté de Mathilde et tous mes livres. J'appuyais Mathilde contre un arbre et je l'embrassais longtemps, longtemps, mon ventre contre son ventre, entre nos ventres Baudelaire devenait chaud, d'un côté Baudelaire sentait la violette et de l'autre côté il sentait le tabac, le clair et le sombre comme il se doit pour les grands poètes, je crois.

– Pourquoi tu en prends autant ? demandait Mathilde.

– Si je lis celui-là – et je montrais le livre glissé dans ma ceinture – et qu'il ne me plaît plus je peux prendre celui-là – je montrais le livre de ma poche droite – et si par hasard j'ai envie de changer de lecture je peux lire celui-là – et je tirais le livre de ma poche gauche – comme ça, ajoutai-je, partout et n'importe quand je suis sûr d'avoir un livre qui me plaît, voilà c'est rien à comprendre, c'est une technique que j'ai inventée, c'est de la prévoyance en fait, c'est ça, de la prévoyance en lecture.

Elle riait. Chaque rire de Mathilde me tombait dans le cœur, une vraie tirelire. Les vitrines renvoyaient notre image et c'était une image de bonheur, on aurait dit une publicité en marche, même les boutiques les plus tristes ne pouvaient rien faire d'autre que de nous montrer beaux comme nous étions, Mathilde avec ses jambes longues et blanches et sa jupe qui volait autour de ses genoux et son sourire toujours pour moi, et moi j'étais une sorte de cow-boy armé jusqu'aux dents. J'avais un livre pour chaque moment. On allait manger des gâteaux dans un salon de thé tout nouveau dans la ville, on s'asseyait avec grâce autour de la table aux pieds de bambou, Mathilde se levait pour choisir des gâteaux alors je sortais de ma poche un livre que j'ouvrais en faisant de grands gestes visibles de tous, même des gens qui marchaient dans la rue et s'exclamaient, regardez dans la boutique cet homme qui lit ! J'ouvrais la Femme de trente ans de Balzac, dans les lumières et les odeurs de la pâtisserie c'était sa place, je le parcourais en mordant dans les meringues, il en tombait sur Balzac et sur la femme de trente ans qui s'en poudrait les joues. Dans la file d'attente chez le boucher il ne fallait pas m'empêcher de lire, ah non ! d'autant que la boucherie pleine de glaces multipliait mon image de lecteur avide à l'infini, je lisais même au plafond, dans les angles du mur, sur le pilier aux multiples facettes, jusque dans le luisant des tranches de foie je me voyais plongé au cœur des abattoirs de Montalbán. Celui que je portais dans la poche arrière de mon pantalon m'obligeait à un geste viril si je voulais l'extraire, c'était un geste de comptoir, comme sortir un portefeuille ou un couteau, alors que le livre dans ma poche droite requérait le savoir-faire d'un magicien, c'était un geste à faire près d'un manège, tout près des enfants. Je tirais le livre lentement, doucement, si doucement que personne ne voyait bouger mon bras et d'un coup, hop ! magie ! le livre s'ouvrait blanc dans mes mains et se mettait à battre des ailes comme une colombe. À la poste je présentais le Roi Lear plutôt que mon livret de caisse d'épargne, oh, pardon excusez-moi ! disais-je à la jeune fille du guichet, c'est pas mon livret c'est William Shakespeare, quel étourdi – je disais le mot « étourdi » qui allait bien avec le style shakespearien (un roi qui serait étourdi), avec Dostoïevski dans la poche j'aurais certainement lancé à la jeune fille un « quel idiot ! » –, la jeune fille du guichet soupirait, regardait le plafond avant de me dire que, de toute façon, j'étais à sec. Shakespeare était à sec ? Non monsieur, votre livret. Mon livret ? Le Roi Lear était donc un opéra ? Excusez-moi, monsieur, mais j'ai du travail, au suivant ! Alors j'ouvrais mon Shakespeare et sortais de la poste l'âme plongée dans un liquide brûlant.

Mathilde me regardait lire. Elle disait que mes oreilles bougeaient et qu'elle adorait ça! Un soir, alors que nous terminions une de ces grandes promenades studieuses, Mathilde me serra plus fort encore dans ses bras, elle se hissa sur la pointe des pieds et me dit à l'oreille ce mot que j'adorais : tragédien! Combien de fois avais-je fait semblant de lire? Le Roi Lear m'était tombé des mains! Je l'avais baladé trois mois dans ma poche pour que Mathilde m'aime parce que je savais que Mathilde m'aimerait avec Shakespeare sur moi. Je suis sûr qu'elle m'aimait et qu'elle me trouvait beau, comme moi je l'aimais et je la trouvais belle dans sa nuisette rose avec des broderies sur les seins. Mes broderies à moi, sur mes seins à moi je veux dire, c'étaient Shakespeare et Sade, Dante et son Enfer, Hugo, ses Châtiments, Alexandre Dumas! Dumas, c'était un matin, j'étais tout nu et je lisais la Reine Margot dans la cuisine, les fesses dans les miettes du petit déjeuner, nous fêtions le printemps, il faisait doux et je savais que Mathilde en sortant de la salle de bains m'aimerait en me voyant nu lecteur de Dumas dans la lumière d'un vingt mars. Je tenais Dumas bien droit devant moi contre mon bol, je rentrais le ventre, j'aurais pu en lire, c'était l'occasion, Mathilde se lavait les cheveux et ça prenait toujours du temps mais non, je ne pensais qu'à me présenter avantageusement dans la clarté qui venait de la rue, j'essayais bien d'en déchiffrer un peu en ouvrant au hasard... *Charlotte, troublée par le clair regard de ces yeux dilatés comme ceux du chat et de la panthère, sans que cette dilatation lui fît rien perdre de sa profondeur, la laissa partir sans prononcer un seul mot, sans même laisser à son souffle la liberté de se faire entendre, et elle ne respira que lorsqu'elle eut entendu la porte se refermer derrière elle et que Dariole fut venue lui dire que la terrible apparition était bien évanouie.* J'avais une terrible érection ! J'avais honte ! Dumas devait se retourner dans sa tombe ! Il m'aurait vu ! Le sexe vers le ciel et le doigt sur sa Reine pour ne pas perdre la ligne ! Les bruits d'eau m'arrivaient de la salle de bains. Avec eux de tendres images. Comment aurait-il pu en être autrement ? J'aurais tranquillement lu Alexandre Dumas, nu dans la cuisine, tandis que Mathilde, nue elle aussi et penchée la tête en biais sous le jet d'eau tiédie, la peau moite, rêvant de moi l'esprit bercé par le son rassurant de la petite flamme du chauffe-eau, oui, vraiment, à ce moment savoureux j'aurais lu avec dignité le grand auteur, le menton dans la paume de la main et le sexe au repos, que ça m'aurait inquiété, franchement si ! Et puis, ne pas lire vraiment Dumas en bandant tout nu dans la cuisine, c'était plus poli ! Dumas aurait compris la retenue ! Entre bonshommes ! Mathilde me rejoignit dans la cuisine, une serviette nouée à la sultane sur son crâne, ses seins pointaient dans ma direction, elle vint s'asseoir sur moi et je la pénétrai en ramenant sur mes reins ses talons polis, elle déroula la serviette et lâcha ses cheveux mouillés qui se collèrent à mon visage et ruisselèrent dans mon dos, la table finit par valser, et les bols du petit déjeuner, et le beurre, et la confiture et la Reine Margot d'Alexandre Dumas ! La fenêtre dessinait un carré bleu. Les hirondelles brodaient dans le ciel de Nérac. Tu devrais essayer Proust ! dit-elle un jour... Quelle affaire ! Tu sais, moi, personnellement parlant, Proust, d'accord, admettons mais bon, je préfère les auteurs modernes ! Je n'avais jamais lu Proust, mais comme tout le monde j'étais capable d'en parler à table alors ça me suffisait. Proust, c'était la mémoire... les madeleines... des phrases longues... des livres en pagaille... un univers proustien... À l'ombre des jeunes filles en fleur, six cent trente-deux pages ! Mazette ! Dès le début du livre – les premières pages ? Les premières lignes ? La première ligne ? Le premier mot ? En le voyant dans le rayonnage de la bibliothèque ? En le soupesant j'avais eu l'intuition. J'en étais même sûr ! Et si nous allions à la mer ? m'avait dit Mathilde. Oh oui ! une promenade d'amour ! L'avait-elle fait exprès ? Pour que nous partions à trois, elle, moi, son copain Proust ? J'en lus du Proust et par amour dans le train pour Nantes. Dans ce compartiment nous étions deux hommes à lire, et l'homme en face de moi lisait le même Proust que moi ! Il en était à peu près à la page quinze. C'est là que j'en étais aussi. Nous avions la même épaisseur de pages lues entre les doigts de la main gauche et le même nombre de pages à lire dans le creux de la main droite. Nous avions le même âge. Les mêmes valises. Peut-être en étions-nous aux mêmes tournants de notre vie ? On se regarda, on s'estima vite fait comme deux poids coq de la lecture. Il tourna une page. Il en était page seize. J'en tournai une moi aussi pour arriver à la même page que lui, page seize. Ses yeux balayèrent rapidement la surface du papier puis il tourna encore une page ! Je tentai de le suivre. Proust racontait que son père seul savait que M. de Norpois avait averti l'Empereur de la puissance grandissante et des intentions belliqueuses de la Prusse et plus loin Marcel Proust écrivait que l'ambassadeur n'avait peut-être pas l'intelligence vers laquelle sa mère se sentait le plus attirée. Je levai les yeux. Il tournait déjà la page ! Tant pis ! Je tournai aussi ma page ! Cet homme lisait à une vitesse non humaine ! *M. de Norpois avait changé sur un point bien plus important pour moi, les intentions de mon père.* Il tourna ! Je tournai ! *Le bonheur que j'aurais à ne pas être séparé de Gilberte me rendait désireux mais non capable d'écrire une belle chose qui pût être montrée à M. de Norpois.* Il tourna et aussitôt je tournai ! *Ce jour-là, si Françoise avait la brûlante certitude des grands créateurs, mon lot était la cruelle inquiétude du chercheur.* Il tourna ! Je sautai les pages vingt-huit et vingt-neuf pour aller directement page trente et trente et un ! J'avais maintenant deux pages d'avance et j'espérais souffler. Regarder les paysages défiler derrière la vitre. Comprendre ce que j'avais lu mais l'homme accéléra ! C'était impossible qu'il lise à ce rythme ! Il tournait les pages à toute vitesse ! Je serrai les dents ! J'avais la rage de lire ! Je voulais gagner ce championnat de lecture de Proust ! *M. de Norpois reprit de la salade d'ananas et de truffes !* Je tournai ! *Odette ne savait pas que Swann finirait par l'épouser !* Je tournai ! *Il n'y avait eu dans le monde qu'une seule personne dont il se fût préoccupé chaque fois qu'il avait pensé à son mariage possible avec Odette, c'était, et non par snobisme, la duchesse de Guermantes !* Il tourna ! *Françoise accepta les compliments de M. de Norpois avec la fière simplicité, le regard joyeux et intelligent d'un artiste à qui on parle de son art !* Je tournai ! Il tourna ! Je tournai ! Il tourna ! Cet homme ne lisait pas ! Pas plus que je ne lisais d'ailleurs ! Salaud ! Personne n'aurait pu lire Proust à ce rythme ! Même pas sous hypnose ! Il tourna ! Je tournai encore ! Cet homme était une machine, il tourna ! Je tournai ! J'en avais la nausée ! *Mme Swann refit la révérence et la princesse eut pour nous tous un divin sourire qu'elle sembla amener du passé, des grâces de sa jeunesse, des soirées de Compiègne et qui coula intact et doux sur le visage tout à l'heure grognon, puis elle s'éloigna suivie des deux dames d'honneur qui n'avaient fait, à la façon d'interprètes, de bonnes d'enfants, ou de gardes-malades, que ponctuer notre conversation de phrases insignifiantes et d'explications inutiles!* Je manquai m'étouffer! Mathilde qui s'était assise près de l'homme, face à moi, et qui me regardait dévorer l'œuvre de Marcel Proust me fit un beau sourire et un geste rond de la main qui valait encouragement, je suis vraiment contente que tu l'aimes, me dit-elle, de toute manière Proust est incontournable! Pourtant, jusque-là, j'avais bien contourné. Je répondis d'un hochement de tête. L'autre jeune femme, qui s'était assise près de moi face à son mari, lui adressa un beau sourire et lui demanda en refermant sur son pouce son livre à elle : C'était les Vagues de Virginia Woolf, tu aimes ? pour moi c'est son meilleur! Il tourna! Je tournai! Quand nous entrâmes en gare de Nantes j'avais fait semblant de lire trois cent quarante pages de Proust! J'étais exténué! Dégoûté d'un auteur pour l'avoir autant non lu! Mon concurrent avait fait semblant d'en lire à peu près autant! Évidemment l'exercice nous donnait certains droits comme celui d'en parler. Les très hautes sphères! Parler de Proust! Au moment où l'homme quittait notre wagon le contrôleur lui demanda en rangeant des papiers dans sa sacoche en cuir : vous avez fait bon voyage, monsieur ? Il répondit : formidable, j'ai lu Proust! Quand le patron du buffet de la Gare me demanda en me servant un demi bien frais – je l'avais mérité : il était pas trop long ce voyage ? je répondis que le voyage avait été très court! trop court!

pensez! j'ai lu Proust! Au chauffeur de taxi qui lui demandait sa destination l'homme répondit: à l'hôtel Albertine! Mathilde et moi allions à la pension Gilberte. On ne se revit plus. La Loire avait profité des pluies. Le soir je dévorai une quenelle de brochet, une sole, bus du vin, Mathilde mangea des langoustines et but du vin. Au lit, je lui murmurai à l'oreille un haïku de printemps, *au milieu du champ / libre de toute chose / chante l'alouette*. Ce poème japonais du seizième siècle eut un effet heureux sur Mathilde qui posa son livre et me fit l'amour tendrement. Avec le vin blanc j'eus du mal à trouver le sommeil. La Loire coula toute la nuit.

C'est le bruit de la clef dans la serrure qui me réveilla. Mathilde laissa tomber son sac sur le plancher. Elle sourit en tordant la bouche.

– Ooooooh... dit-elle pour me faire plaisir, c'est comme au travail!

Elle resta un moment debout au milieu de la pièce à contempler notre bibliothèque blanche avec des étagères rouges et bleues, les rouges devant recevoir les livres très littéraires et les bleues les livres plus amusants, tandis que la couleur jaune des montants ne servait à rien d'autre qu'à faire joli. L'ensemble tenait fixé au mur par des pattes métalliques.

– Ça va être bien pratique pour ranger les livres, dit-elle, puis elle fila dans la cuisine mettre au frais deux petits biftecks.

Elle revint, s'assit, ôta ses souliers, regarda la bibliothèque d'un air rêveur tout en se massant la plante des pieds. Elle tourna la tête et, toujours silencieuse, elle déboutonna son col. Son profil s'inscrivit au centre des étagères, comme un buste de marbre qui attendrait les livres pour s'y appuyer. Un buste du catalogue.

Je pensais qu'on se serait installés autour de la table pour imaginer le moment du repas dans ce nouveau décor. Qu'on se serait assis près de la petite bibliothèque toute fraîche pour sentir l'effet qu'elle produirait sur les gens qui viendraient. Qu'on se serait reculés pour admirer nos livres de tous les recoins du petit appartement mais ce premier soir avec notre bibliothèque contre le mur du fond ressembla à tous les autres soirs. La bibliothèque trouva sa place chez nous sans faire d'histoires. Comment dire? Naturellement. Mathilde vida les cartons et rangea les livres sur les étagères. Dans n'importe quel ordre. Les petits avec les grands. Les gros avec les maigres. Simenon avec Marquez. Zola contre Voltaire. Elle posa Hugo sur une planchette bleue réservée aux livres amusants. Hugo était-il un auteur amusant? Zazie dans le métro sur une étagère rouge... Mathilde prenait plaisir à ce désordre. Je bus une bière. Ça tanguait. Les vagues de livres contrariaient d'autres vagues de livres en des marées montantes et descendantes elles se chevauchaient, se croisaient, s'empilaient, le seul avantage peut-être de toute cette anarchie étant que les livres paraissaient plus nombreux qu'ils n'étaient dans la réalité. L'artichaut, dit-on, plaît aux pauvres parce qu'il leur reste plus de choses dans l'assiette après l'avoir mangé qu'avant. Tous nos livres reproduisaient-ils le miracle de l'artichaut? Mathilde multipliait-elle les cartons de l'entrée en les transformant en feuilles d'artichaut?

Déjà nos livres glissaient des planches et se cassaient la gueule de partout! Il en tombait qu'elle ramassait pendant qu'il en tombait qu'elle essayait de retenir au passage, un autre lui tombait sur la tête, elle se baissait, un autre encore lui tombait sur le dos. Elle riait et elle chantait. Comme sous la douche! Parfois elle se hissait sur la pointe des pieds pour atteindre les étagères les plus hautes le livre au-dessus de la tête, les genoux tremblants. Si peu d'elle touchait encore terre, seuls quelques petits centimètres carrés de doigts de pied la retenaient au parquet. Ses mollets devenaient durs comme des cailloux, les muscles de ses cuisses se tendaient. Ses fesses s'arrondissaient sous sa jupe. Des fesses parfaitement bien rangées, une fesse à gauche et l'autre fesse à droite. Des fesses du même format et non pas une fesse format dictionnaire contre une fesse au format poche. J'aurais aimé qu'elle range nos livres avec le même soin que ses fesses. Peut-être aimait-elle moins les livres que ses fesses? Peut-être que j'aimais plus les livres que ses fesses? Peut-être que j'aurais aimé des étagères couvertes de fesses de Mathilde bien rangées? Les fesses blanches d'hiver ensemble, plus loin les fesses rosées de printemps, en dessous les fesses à la peau bronzée des étés chauds? Mathilde mit autant de temps à ranger nos livres en désordre que j'en aurais mis à les classer joliment par tailles et par auteurs, par thèmes ou suivant les couleurs. Je la regardai faire en lui souriant de temps en temps. Je me voyais aussi dans la glace, un peu rouge et l'air abêti, assis dans le fauteuil de rotin, la bière à la main, tranquille, serein comme un vrai homme de la maison, un mari, soufflant avec mollesse la fumée du tabac qui se mêlait à l'odeur finissante des biftecks que nous avions mangés, alors pourquoi me plaindre? Je ressemblais à papa. Je me dis que nous aurions bien le temps, Mathilde et moi, de remettre cette bibliothèque en ordre. De tout aligner comme une rangée de belles dents. Nous avions toute la vie et la vie au fond c'était fait pour ça, de la naissance à la mort, du tapis de bain aux étoiles en passant par les tuiles des toits, la nature et nous dedans étions là pour tout ranger. Mathilde s'allongea parmi les livres tombés, sur le côté, en appui sur l'avant-bras et une jambe repliée. Sa jupe s'était relevée jusqu'à la frontière élastique entre sa culotte et sa peau, la lumière du plafonnier, une sphère d'osier de la taille d'un ballon de football, dessinait de longues blessures roses sur la chair blanche de ses cuisses, on aurait dit qu'elle avait traversé un champ d'orties. Là, sous la bibliothèque en désordre, Mathilde feuilletait les livres tandis que de l'autre main elle se gratouillait entre les doigts de pied. Pourquoi les jeunes filles, quand elles lisent sur la plage, sur l'herbe, sur une couverture près d'une rivière, dans un car, à l'avant d'une voiture se tripotent-elles toujours entre les doigts de pied ? Que se passe-t-il entre leurs doigts de pied ? Une démangeaison que la lecture ferait naître mais que jamais les expressions du visage ne trahiraient ? Que leur pousse-t-il entre les orteils, des virgules ? Sont-elles à cet endroit envahies de points de suspension qui leur courent sur la peau ? Mathilde passait son doigt là, et son doigt là, et encore son doigt là. Ne bougeaient d'elle que ses orteils blancs, drôles de petits poissons ronds en train de frayer sur le rivage. Les poissons frétillaient. Mathilde glissait le doigt entre eux, puis elle repassait et grattait la peau sensible avec l'ongle, toujours de la même manière, la douceur du bout du doigt précédait la dureté de l'ongle, d'abord elle réveillait les nerfs cachés à cet endroit puis elle les sollicitait pour une aventure plus barbare. Elle soupira. Sourit. Posa sa main à plat sur son cou-de-pied mais pas longtemps, vite elle tourna une page et recommença à se tripoter le petit espace rose qu'elle avait entre les orteils. Quand elle ne lisait plus, elle ne gratouillait plus. Elle relisait. Regratouillait. C'était à se demander... laquelle des deux douceurs commandait à l'autre, était-ce la lecture qui dictait la gratouille ou la gratouille qui poussait la demoiselle à lire les grands auteurs ?

Colette encore jeune fille se tripotait-elle entre les doigts de pied quand elle lisait ? Et Marguerite Yourcenar assise dans l'herbe à l'âge de seize ans ? Et Mme de Sévigné ? George Sand ? Marguerite Duras, minuscule jeune femme aux orteils ronds comme des petits pois ? Milliers d'heures de lecture accompagnées de tripotis tripotas... millions de doigts de pied, au final, qui trouvèrent dans la littérature un bien-être inattendu. Peut-être s'agissait-il d'équilibrer les sensations ? La lecture chatouillait l'esprit, alors le corps se chatouillait aussi, à l'autre bout ! Qu'il n'y ait pas de jaloux. Une main sur le livre et une main sur le pied pour réduire les distances. Jolie planète... Les doigts de pied se disaient-ils, quand arrivait le doigt entre eux : tiens, là-haut ça bouquine ! Le reste du corps le savait-il, que là-haut ça bouquinait ? Pouvait-il sentir les mots descendre en lui – le long de quel tuyau ? – comme une cuillerée de sucre en poudre ? Où donc allait se nicher la lecture ? En passait-il dans le sang ? Les mots faisaient-ils le voyage des nourritures ordinaires ? Allaient-ils se dissoudre quelque part pour s'insinuer dans la chair et sous la peau ? Pouvait-on grossir de trop de lectures ? Maigrir de n'avoir pas lu ? Dégueuler d'avoir lu un texte pourri salace ? Chiait-on de la lecture aussi, forcément ? Il arrivait à Mathilde de rosir à la lecture d'une scène de cul. Le cul lui allait-il dans les joues ? En passant par où ? Les couilles du héros réduites en poudre coulaient-elles dans ses veines ? Mathilde avait-elle dans le sang des globules blancs, des globules rouges et des couilles ? Des arbres et des châteaux ? Les criminels de chez Burroughs ? Les perroquets de chez Flaubert ? Le bateau d'Ulysse qui lui traverserait, toutes voiles dehors, le cœur ?

Comment faisait-elle pour lire tout le temps ? Je sentais bien le mystère du corps de Mathilde toujours lisant. J'aurais aimé habiter dedans.

Je me relevai vers une heure trente du matin. La lune éclairait doucement la salle à manger. Déjà nos livres en désordre ressemblaient à ces vieux bouquins oubliés dans les greniers, tout tachés de pluie et recouverts d'une pelure de champignons microscopiques maintenus entre la vie et la mort par une lumière voilée tombée d'entre les tuiles disjointes. Des livres qui auraient été lus et relus et relus encore avant d'être abandonnés. Mathilde avait peut-être eu raison de les laisser en bordel. Ils étaient dans la nuit plus fragiles et plus beaux.

– Et si on allait acheter des livres ?

C'est la première phrase que Mathilde prononça le lendemain matin quand je la rejoignis dans la cuisine, elle buvait un grand bol de café au lait qui lui cachait le bas du visage, pour le coup c'était elle la tartine. Elle était pieds nus sur le carrelage froid et recroquevillait ses orteils à lecture. Je me penchai pour lui passer ses chaussons, des horreurs de chaussons roses en forme de petits chats avec des yeux qui tournaient dans leur globe de plastique quand on marchait. Je m'agenouillai devant elle, presque sous la table. Je saisis son pied droit. Mais avant de le glisser dans le chausson je regardai de près les petits espaces roses entre ses orteils. Je passai mon doigt là, c'était l'occasion, et mon doigt là. J'insinuai le bout de ma langue entre ses petits orteils à lecture et Mathilde éclata de rire si fort qu'elle faillit en renverser son bol. Je l'entendais crier là-haut dans le ciel : Arrête t'es fou arrête je fais la piscine avec mon café au lait ! Je glissai son pied droit dans le chausson en forme de chaton, puis son pied gauche, puis je reposai ses deux pieds sur le carrelage, l'un contre l'autre, à la frontière d'un carreau bleu et d'un carreau blanc. Je restai un moment sous la table à regarder ses pieds, ses petits pieds de marbre. Elle passa sa main sous la table et me chercha à tâtons. Elle toucha ma figure et je sentis un peu du poisseux de la confiture sur mon nez. Je redressai la tête. J'avais le bol tiède à hauteur du nez. Le beurre barrait l'horizon sur ma droite. Et Mathilde me regardait de là-haut avec un sourire qui me disait que j'étais son grand amour et que je pouvais retourner entre ses doigts de pied quand je voulais, j'étais là-bas chez moi.

– On irait où ? lui demandai-je.
– Dans le centre, tu veux ?

Le froid du carrelage et le plateau de la table au-dessus de ma tête me donnèrent le frisson. Tout d'un coup, j'eus peur. Je pensai à du malheur. Qu'est-ce qu'il venait faire chez nous ce malheur ? À cette heure-là ? J'avais peur qu'elle ne meure, je ne sais pas pourquoi au juste j'imaginai un prisonnier lisant à haute voix pour d'autres prisonniers entassés dans un train, il lisait un feuillet arraché à un livre et qu'il avait caché dans sa poche, il lisait haut et fort pour les autres prisonniers couchés les uns contre les autres à même le sol. Tant que la voix lisait, la vie brillait. Et quels que fussent les mots, c'était le son des mots qui importait plus que leur sens, comme le bruit d'un ruisseau qui coule ou le bruit d'un cœur qui bat. Ce serait du bruit organisé pour emplir ce silence tellement grand qui nous tombe dessus depuis l'espace quand nous allons mourir, et ce bruit de la lecture faisait repartir la mort d'où elle venait. Quand maman s'était noyée, je me disais, à genoux devant Mathilde, ce jour-là : et si papa lui avait fait la lecture ? Si nous nous faisions toujours la lecture les uns aux autres entre vivants, peut-être que personne ne mourrait ? Alors la proposition de Mathilde tomba à pic.

– Oui, lui dis-je, allons acheter des livres, c'est une bonne idée.

Mais Mathilde pensait déjà à autre chose. Elle prit le paquet de beurre dans la main et lut à haute voix :

– Beurre de Charentes-Poitou.

Et ma peur s'évanouit. Je posai ma joue sur son ventre vivant. La vie était la plus forte, chez nous.

Attention, Saïb ! Pan ! Roharrrrrr ! Nous l'avons échappé belle, Zembla... Saïb fin tireur ! Pourquoi toi avoir tué lion, homme blanc avec un chapeau, Zembla et le lion amis ! Mais il allait nous dévorer, Zembla ! Non, lion mécontent à cause de ça... regarde... Oh, Saïb, un petit bébé lion !

Nous nous souvenons plus volontiers des voix douces qui nous ont fait la lecture, la voix de maman, la voix d'une sœur ou bien celle de la tante qui a apporté des huîtres et du vin au nom imprononçable, une grosse tata qui aurait mis le chambard dans l'ordinaire, une tata qui travaillerait à Paris dans une boîte de nuit, imaginez cette tata un peu dingue qui vous accompagne au lit et reste un moment à lire pour vous endormir et qui vous glisse sous l'oreiller un petit billet de banque !

Peut-être que les hommes ne lisent pas pour les enfants.

Je me souviens pourtant de la voix des hommes lisant, voix graves recouvertes à demi par le ronflement du moteur du camion pendant ces drôles de lectures des transporteurs de fonds. Je passais des jeudis entiers à rouler avec ces hommes armés, assis par terre dans les sacs de billets de banque. C'était une folie que d'emmener un gosse dans ces tournées mais maman leur demandait ce service pour éviter que je traîne dans les rues, disait-elle, et l'hôpital je veux pas trop qu'il y vienne, c'est un confit de microbes... alors ils avaient dit oui à maman, forcément ! ils aimaient tous maman en secret. Je le sais. Personne ne pouvait ne pas l'aimer. Dès qu'on l'avait vue rire à table et raconter la vie des Marquises dans les châteaux, avec des coiffures comme ça ! disait maman et maman se mettait la serviette sur la tête, elle se levait et marchait jusqu'à la cuisine à la façon des Marquises, sauf qu'elle, en plus d'être tellement rigolote et belle avec sa coiffure à petits carreaux, elle rapportait le poulet... elle disait que la vie était belle, simplement ces mots-là, et tout le monde entendait de la poésie aussi bien fichue que celle de l'école. Qui veut la cuisse et qui veut le blanc ?

Les transporteurs de fonds n'en parlaient jamais bien sûr mais je sais que papa le devinait, cet amour, quand on longeait les murs du grand hôpital les gars se taisaient, je voyais leurs yeux se tourner vers moi et ils me disaient : tu sais qu'elle est belle ta mère ! Les sentiments pour maman remplissaient le fourgon blindé comme si on roulait dans une boule crème. Dans les virages je me laissais tomber dans les sacs de billets de banque... on allait d'une grande surface de la banlieue à une autre grande surface de la banlieue, sur la route de Bordeaux, sur la route d'Agen, on passait dans la rue de la banque et aussi, suprême gourmandise, devant l'école... j'avais huit ans... papa se tenait assis à droite du chauffeur tandis que deux autres types bouquinaient à l'arrière. Les grandes pages des illustrés faisaient au-dessus de ma tête comme un toit et ce toit de papier plus les bonshommes et le plancher en grosse ferraille me protégeaient de tout. Je ne lisais pas. Le cul dans les dollars je ne pouvais pas. Je regardais le canon noir et bleuté des armes luire. Les boucles des ceinturons. Les insignes dorés. Les casquettes posées sur les banquettes de plastique gris. Les grands pieds. Les gros genoux. Je contemplais là-haut le visage de ces hommes, ils lisaient avec difficulté les mots qui dansaient sous la lumière verte des lampes du plafond. Le ciel défilait dans le hublot grillagé de la porte arrière. Le clocheton du marché couvert, soudain l'église ou le nouvel immeuble de bureaux. L'enseigne lumineuse d'un grand magasin. Le réveil doré au-dessus de la bijouterie. Le mur en brique des abattoirs. Les nuages. La mairie. La statue. Le soleil qui d'un coup inondait la cabine et mettait de l'or par kilos par-dessus les billets. Quand ça tournait sec, leurs mains immenses tordaient le papier. Sous les grands arbres et sous les ponts leurs yeux ronds brillaient à peine dans la pénombre comme les yeux des poissons quand on les a fait cuire avec la tête. Les moustaches tremblotaient, avec les mots pris dedans comme des bouts de nourriture. Même s'ils cessaient de lire à haute voix, ces hommes n'étaient jamais tout à fait silencieux parce que simplement leur grosse carcasse ne le permettait pas. S'ils ne grognaient pas entre leurs lèvres épaisses, ces hommes calés sur leurs grosses fesses, somnolents, rougeauds, gonflés de cassoulet, sifflaient comme des oiseaux. Annoncez à votre maître l'arrivée de Richard Cœur de Lion ! La lecture leur roulait dedans, avalée comme un rien, myrtille dans le corps d'un ours. On s'arrêtait. Les hommes se remettaient en ordre. Leur regard durcissait. La porte s'ouvrait d'un coup, l'air frais rentrait en force et la lumière faisait trembler mes paupières, un premier homme descendait, puis l'autre suivait quand la voie semblait libre, il sautait du camion, les billets à bout de bras mais dans la tête toujours les mots de la lecture qui fondaient lentement, quand Mickey avait rougi devant la nouvelle robe de Minnie, quand Picsou s'était évanoui après s'être aperçu qu'il lui manquait un centime dans son tas de pièces haut comme une pyramide d'Égypte et qu'il criait : je suis ruiné je suis fini ! S'ils transportaient des billets de banque par milliers, les bonshommes transportaient aussi dans leur tête des histoires. Sous leurs cheveux coupés ras.

Ils avaient tous pleuré à l'enterrement de maman. De grosses larmes de gros bonshommes immensément malheureux. Ils avaient fait le cercle autour du cercueil et ils avaient chanté en basque. Papa était resté droit devant le trou, comme un i, un i qui aurait son point de travers, il avait bu, et tout d'un coup il était parti pisser derrière un arbre. Le curé avait attendu que papa revienne pour finir son travail. Papa était revenu. Les transporteurs de fonds avaient fait descendre le cercueil dans le trou devant papa, ses bras ballants et sa braguette ouverte.

Le fourgon blindé sentait l'argent et la poussière des sacs, l'après-rasage, le tabac, le café et le calva, la sueur aigre des bonshommes. Peut-être plus tard m'aurait-il fallu retrouver ces conditions de l'enfance pour aimer la lecture ? Mathilde aurait senti l'argent et la poussière des sacs, l'après-rasage, le tabac, le café et le calva, la sueur aigre des bonshommes, peut-être aurais-je lu ?

– Lâche ton arme ! Lulu, merde, fais pas le con, lâche ton arme !

Papa s'était mis le canon dans la bouche. De l'autre main il portait un sac de billets. Tout le monde s'était immobilisé dans le magasin, les clients, les caissières, les serveuses à la charcuterie, le vigile. Le directeur était descendu de son bureau. Papa pleurait comme un gosse avec le canon de son revolver enfoncé dans le fond de sa gorge. Il regardait devant lui. Loin devant. Il regardait sans doute maman et lui et leur amour loin derrière, sous la terre. Une promotion pour des biscuits au chocolat pendait au-dessus de sa tête. Tout avait été raconté dans le journal.

– Lâche ton pétard ! criait son collègue tandis que le directeur du magasin cherchait à gagner du temps avant l'arrivée de la police. Fais pas l'idiot, pose le flingue !

Papa ne répondait rien. Il fixait la sortie, les pompes à essence, les boules de gui dans les arbres en bordure de la nationale, les corneilles. Le chauffeur avança le fourgon blindé devant la porte pour masquer papa, au cas où les flics auraient voulu le tirer au fusil depuis le parking.

– Tout le monde l'aimait, criait le collègue, si tu l'aimes beaucoup pose le flingue par terre, Lulu, et on te ramène et c'est fini tout va bien se passer, fais pas le con !

Papa retira le canon de sa bouche.

– C'est moi qui l'aimais et elle elle m'aimait et pas vous !

– C'est ce que je dis, cria le collègue, lâche le pétard !

Papa se remit le canon dans la bouche. Le retira.

– La vie c'est de la merde !

Il le remit. Resta de longues secondes avec son nez qui coulait sur le canon. Il lâcha le sac de billets et fouilla dans sa poche.

– Vous voulez un mouchoir, monsieur ? lui demanda une jeune caissière.

Papa tourna la tête. La jeune fille était blanche. Ses lèvres roses. Elle tremblait.

– Un mouchoir ?

– Oui, monsieur, un mouchoir pour votre nez.

Il retira le canon de sa gorge et laissa pendre son bras. La promotion pour les biscuits au chocolat se balançait mollement dans l'air. Il leva les yeux. Son collègue lui prit son arme et le serra dans ses bras. Une caissière déclara au journaliste venu la questionner que le transporteur de fonds voulait se tuer parce que sa femme était morte et le journaliste avait titré dans son journal : drame d'amour au Super Ecco de la Croix-Verte ! et sous-titré : un fait divers digne de Shakespeare en plein midi. En plein midi. C'était bien sûr plus beau que du Shakespeare pendant la nuit. Au café du Marché un client avait fait la remarque, Lulu est devenu fou ! Aussitôt madame Irène lui avait retiré son verre et elle l'avait foutu dehors. Des fous comme ça qui aiment leur femme, avait dit Irène, on en aurait plus sur la terre que ça tournerait un peu plus droit !

On entra dans la librairie du centre, La Boîte à nuages, une immense librairie avec des photos d'auteurs connus partout sur les murs, de grands portraits en noir et blanc qui leur faisaient à tous la mine pensive et triste du mineur. Beaucoup d'entre eux se tenaient le menton dans la main. Redresse-toi ! aurait crié Irène, la patronne du café du Marché, à chacun de ces auteurs connus si elle les avait vus écrire leur livre le dos voûté dans son joli café, la fumée de la cigarette leur tirant la larme d'un œil rougi, elle leur aurait dit aussi : faut manger ! Mathilde marchait devant moi. Mathilde marchait toujours devant moi, depuis le premier jour elle marchait devant moi et je rêvais qu'elle marche devant moi jusqu'au dernier. Elle faisait une toute petite ombre et selon l'éclairage de la librairie l'ombre passait devant puis derrière elle, sur sa droite ou sur sa gauche, l'ombre lui tournait autour comme une groupie. Elle s'arrêta devant une pile de livres, en saisit un et fourra son nez dedans. Elle le reposa. En saisit un autre et fourra son nez entre ses fesses, le reposa, le caressa, en saisit encore un troisième et fourra son nez dedans. J'avais honte comme quand maman enfonçait le pouce dans les camemberts et qu'elle les reposait sans les acheter parce qu'ils étaient trop ou trop peu faits. Ceux qui passaient après maman achetaient un camembert marqué du sceau de son pouce, un camembert enfoncé ! Mathilde fourrait son nez partout, sans se gêner, elle prenait tel ou tel roman ou telle biographie d'un grand homme qu'elle reniflait en fermant les yeux, lisait quelques lignes, elle reposait l'ouvrage, elle écartelait Voltaire et lui sentait dedans. Elle prenait Kundera et lui mettait le nez dedans. Elle posa le livre. Se retourna vers moi.

– Tu te choisis pas un livre ? demanda-t-elle.

Que vouliez-vous que je fasse ? Je pris Faulkner et je mis mon nez dedans. Je mis mon nez aussi dans Giono. Mathilde ouvrit Calaferte et mit son nez dedans. Le reposa. Je le pris et je mis mon nez dans Calaferte aussi. Les livres sentaient bon la colle, l'encre et le papier. Je suivis Mathilde partout où elle allait et je faisais comme elle avec mon nez, je le mettais exactement où Mathilde avait mis le sien. Le pire ! Nous n'étions plus les seuls à faire ça. Dans cette grande librairie tout le monde ou presque se mit à fourrer son nez dans les livres neufs pour en sentir l'extraordinaire parfum. Mathilde leur en avait donné l'envie, peut-être, je n'en sais rien, mais les nez entraient et sortaient des livres comme irrésistiblement attirés par des bouquets fleuris, des gros bouquets de fleurs blanches tout recouverts de pucerons noirs. Il passait dans leurs yeux comme une extase. Peut-être sombraient-ils aussi dans la nostalgie du livre de classe ? Peut-être recherchaient-ils l'odeur du livre d'histoire et celle du livre de géographie, celle du livre de sciences naturelles dont le papier gardait les relents des produits évaporés jour après jour dans la salle de travaux pratiques aux carrelages blancs, peut-être allaient-ils à la rencontre de ces odeurs douces amères d'avant la vie en crue, d'avant que la vie ne nous appuie sur la poitrine, d'avant qu'elle ne nous prenne au cou. J'ouvris Schiller et je mis mon nez dedans. Quant à Mathilde, elle plongea son nez dans l'Esquisse d'un tableau historique des progrès de l'esprit humain par le marquis de Condorcet. Elle en sortit fraîche comme la rose. Les bienfaits du livre neuf collé contre le visage valaient bien une crème de jour. On aurait dit, et c'était vrai, que l'air d'ici était plus pur qu'ailleurs, plus clair et plus transparent, plus propre, plus vif et plus vert, les nombreux livres empilés absorbaient le gaz carbonique que nous dégagions et recrachaient l'oxygène comme le font les grandes forêts. Mathilde écarta Musset et planta son nez dedans. Ses joues rosissaient comme après une marche en montagne. Un jeune homme entra. C'était un petit gabarit aux cheveux roux. Ses mains tremblaient. Ses joues tremblaient. Son cou tremblait. Ses paupières tremblaient. Il avait le visage d'un jeune homme qu'on aurait sorti des glaces, le teint fiévreux et lumineux, plein d'une jeunesse brûlante comme l'engelure, miraculeusement conservée malgré et à cause des années passées dans le glacier, une jeunesse qui fichait bizarrement mal à l'aise et dont on aurait craint qu'elle ne se mette soudain à couler dans un rayon chaud du soleil et à sentir terriblement mauvais. Le jeune homme tenait dans ses bras un caniche nain de la même couleur que ses cheveux et qui, lui aussi, tremblait. Il traversa lentement la grande librairie sans rien toucher, juste il respirait vite et fort, il cherchait du calme pour son corps. Le jeune homme roux ne semblait pas savoir ce qu'il voulait. Peut-être ne voulait-il rien de plus que frôler des livres, se faire reconnaître d'eux, marcher dans les allées pour sentir sur son visage cet air particulier, l'air frais des cimes, pour trouver la force de continuer, une sorte de propreté à glisser sous sa peau comme sous une chemise, pour plus tard. Il éternua trois fois dans l'allée centrale. Un rhume des mots ? Il me faisait penser à un toujours mal foutu que ses parents auraient envoyé respirer le bon air à Luchon. Il fit plusieurs fois le tour complet de la boutique puis, dès qu'il sentit son sang lui remonter jusqu'au bout des oreilles, il esquissa le sourire du convalescent puis sortit avec son chien roux toujours tremblant dans les bras et prit la direction du château. Il faudrait mettre les malades et les vieux dans les librairies plutôt qu'à l'hospice ou à l'hôpital, pensai-je, les y mettre au moins deux heures par jour, de dix heures à midi pile, c'est bien la jolie heure, et y faire venir tous les gens malheureux, alors tous les gens malheureux pourraient s'asseoir au milieu des livres et peut-être que ça irait mieux. De toute évidence, ça ne pourrait pas leur faire de mal. Qu'ils cessent un moment de faire semblant d'aller bien en regardant les pigeons dans les squares ! Autant regarder les livres. Autant respirer l'air frais du papier, s'activer l'intelligence qu'on a en suspension dans le sang parce que l'intelligence, si on n'est pas trop con, se balade partout. Dessus. Dessous la peau. C'est d'ailleurs comme ça qu'on reconnaît les gens intelligents d'un seul coup d'œil, ils en ont le visage tout barbouillé comme des gamins gourmands se barbouillent la figure de chocolat.

Les deux petites vendeuses ne regardaient rien de ce qui se passait dans la boutique. Elles lisaient. Assises de chaque côté de la caisse avec la patronne au milieu, qui lisait. C'était engageant de les voir toutes les trois lire les livres qu'elles vendaient, un gage de qualité dirons-nous, à l'image du boucher de la halle qui ne mangeait que sa propre viande.

– Je sais d'où elles viennent les bêtes, disait le boucher, avec le nom de l'éleveur et le pedigree du veau !

Les petites vendeuses auraient pu dire aussi : On sait d'où ils viennent les livres, avec le nom de l'éditeur et le pedigree du gars !

Mais toutes trois restèrent silencieuses. La librairie marchait seule et les livres s'occupaient de tout. Nous aurions pu en voler des tas ! Et d'ailleurs, peut-être, c'est ce qu'avait fait le jeune homme roux et tremblant avec dans ses bras le caniche roux et tremblant! Son caniche, ça n'était rien d'autre qu'une housse à pyjama en acrylique et fantaisie gagnée à la loterie de la fête – Mathilde mettait bien des chaussons roses en forme de chatons gagnés à la fête – vide et dans laquelle il fourrait à toute vitesse les bouquins! Les revendait-il au gros Léon du marché? Faudrait-il ajouter parmi les malades et les vieux, parmi les gens malheureux installés dans cette grande librairie quelques vigiles? De temps à autre, la petite vendeuse de droite levait les yeux et regardait ses deux collègues en train de lire, puis c'était au tour de la petite vendeuse de gauche de lever les yeux, enfin la patronne posait sur les jeunes filles un regard d'une infinie tendresse et puis elles recommençaient toutes les trois leur manège à la manière des automates de Noël, le blanc de leurs mains prolongeait le blanc des pages pour ne plus faire qu'un seul étrange et bel objet. On aurait pu partir avec les sous de la caisse, j'en suis sûr! Jamais de ma vie je n'avais vu un magasin qui donne une telle fringale de vol. C'était facile. Même les chaises de bois rose clair, qui occupaient un petit coin réservé à la lecture enfantine, donnaient envie qu'on parte avec sans les payer, bien qu'elles ne fussent que des chaises ordinaires de petite taille, sans réel intérêt. On avait envie de partir en courant avec toutes ces choses exposées là, tous ces ouvrages sur la Chine et le Tibet, tous ces dictionnaires de langue et tous ces recueils de poésie, de saisir par brassées les auteurs allemands et de cacher dans ses poches les précis de jardinage, les champignons de montagne et les plus beaux chiens de race! L'air des cimes donnait envie de courir, peut-être? On avait envie de les emporter... sans risque! on leur fourrait le nez dans les fesses, à ces gens-là, sans qu'ils râlent, alors franchement, ils auraient été mal venus de crier au voleur ! Mais lequel choisir ? Lequel enlever ? Que faire de tous ces rapts ? Les lire ? En entier ? Même les auteurs allemands ? Je mis mon nez dans Goethe et Thomas Mann. Mathilde écartela Voltaire, encore lui, et décidément quelque chose se tramait entre eux – allais-je retrouver un poil de Voltaire dans son Candide ? – elle passa derrière un rayonnage d'histoire contemporaine et disparut tandis que je mettais mon nez dans Freud. Les gens se retournèrent. L'Interprétation des rêves sentait meilleur que son Étude sur l'hystérie, quoique ce soit une question de goût, et c'est en retirant mon nez des fesses de l'hystérie de Freud que je vis papa, c'était une image incroyable, papa poussait la porte de la grande librairie...

Comme il se découpait à contre-jour je crus d'abord m'être trompé mais non, je ne me trompais pas, c'était bien lui, papa dans la grande librairie, papa dans La boîte à nuages ! Il se retourna pour fermer doucement la porte en évitant de faire le moindre bruit, se remit dans l'axe face à la boutique de livres – c'est comme ça que papa appelait les librairies, de la même façon qu'il disait, pour une boucherie, la boutique de viandes –, l'espace semblait lui donner le tournis et il resta planté un moment dos à la porte, prêt à ressortir, les chaussures collées l'une contre l'autre, paralysé sur le bout du grand plongeoir. Il était plus petit que d'ordinaire. Papa nous faisait le coup de léopard tomate ! Il se tassait dans la veste comme dans un fourré. Une dame qui voulait entrer le força à bouger. Il avança lentement jusqu'au milieu de la boutique et s'immobilisa dans l'allée, sa tête dépassait à peine des rayons. Ses oreilles rouges brillaient. Son nez rouge brillait. Papa était à lui seul ce que dans les livres on nomme, avec respect, l'émotion. Il examina sa main droite puis sa main gauche, inspecta autour de lui, je sais ce qu'il cherchait, comme avant de se mettre à table et de toucher le pain papa cherchait un lavabo. Trouvait-on des lavabos à l'entrée des librairies des grandes villes pour le cas où des gens aux mains sales auraient subitement envie de tripoter le beau papier ? Fallait-il toujours y arriver propre dans le hall ? Papa laissa pendre ses mains. Je me cachai derrière les rayonnages pour les ouvrages sur le théâtre. Papa ne pouvait me voir et je le voyais, c'était un régal. Je sais aussi qu'il n'aurait pas aimé me rencontrer ici, on se serait dit : ben ? qu'est-ce que tu fais là ? et on serait partis boire un coup pour parler d'autre chose. Je m'appuyai contre le théâtre. Soldat embusqué derrière les livres. Protégé par le talus bien épais des drames humains. Le théâtre, depuis Aristophane jusqu'à Pinter, me dissimulait largement à la myopie de papa, Shakespeare à lui tout seul m'allait de l'épaule gauche à l'épaule droite et Ionesco masquait mon ventre malgré cinq bières dedans. Qu'est-ce que papa faisait là avec ses mains sales ? Il observa une dame qui mettait son nez dans un livre, il regarda les portraits au mur, s'approcha des petites vendeuses qui lisaient contre la caisse puis revint à son point de départ avant de se lancer dans la direction des illustrés pour enfants et s'en retourner au centre de la boutique. Il allait, bras ballants, s'immobilisait, repartait, faisait courir son œil rond sur les murs et s'écartait des piles trop hautes qui l'effrayaient avant de revenir toujours au centre de la pièce, là où la lumière était la plus forte, à bonne distance des murs recouverts de livres serrés comme des pièges. Papa cherchait dans cette longue plaine blanche luisante du givre des couvertures la chaleur et la sécurité d'un trou dans la terre. Peut-être avait-il senti sous ses pieds un creux dans le sol ? Un demi-centimètre lui suffirait à se cacher... Il se rapetissait encore dans ce creux imaginaire qu'il sentait sous ses semelles. Je le retrouvai d'un coup pris dans la fuite du temps. Je ne l'avais pas vu et maintenant papa était vieux, ou bien je n'avais pas voulu le voir, ou bien encore arrivait-il à s'en cacher quand je le regardais franchement. Je voyais de ma cachette le temps qui lui entrait dans la chair et faisait ressortir ses yeux, ça me fichait terriblement mal à l'aise, pas moins que si je l'avais surpris se faisant battre dans un café par un plus saoul que lui. Tout le chemin de papa se résumait à cette image de lui paumé au milieu des livres et je lui trouvai du courage. L'air frais des cimes allait agir sur lui, forcément ! Je sentis son cœur battre contre mon front. Je sentis aussi ma main dans sa main, parce que le fantôme du petit garçon que j'avais été la tenait. Il baissa le regard, preuve que j'étais bien à son côté, le front contre son pantalon. Je veux croire que j'y étais. Combien de routes lui restait-il à parcourir ? Vers où ? Sans maman. Avec moi seul, qui me cachais derrière les livres. Tous ces livres ! Ces milliers de livres ! Eux qui savaient ce qu'ils voulaient bien plus que nous-mêmes ! Ces livres immobiles et qui nous regardaient passer, nous les lecteurs paumés. À un moment, papa était devenu un vieux môme, quelque chose s'était refermé derrière lui et il n'avait pas eu le temps de prendre ses affaires de grande personne, alors il vieillissait désarmé, lisse et pas assez méchant. Parti comme il était, papa irait s'asseoir sur les genoux de la vieillesse et lui téter doucement le nichon tellement l'amour de sa femme lui manquait.

Mathilde revint dans la grande allée. Elle marcha vers lui. Insouciante bien sûr. Papa la regarda. Mathilde regardait les romans. Il était à peine plus grand qu'elle. Il fit semblant de réfléchir en se grattant le front. Elle s'arrêta et le fixa. C'était miraculeux cette rencontre. Comme dans un livre, mais ça se produisait à côté du livre, au bord du livre, une rencontre au bord du monde, pas question d'aller plus loin, les choses s'arrêtaient là. Une rencontre qui serait forcée par le destin, en quelque sorte, mais pas le gros destin, le destin grêle comme aurait dit en riant le Docteur Mathy dans son livre sur la constipation. Elle et lui dans ce creux chaud de la terre au milieu de la plaine. C'est tout ce que j'avais sur la terre et que j'aimais, et ces deux personnes se retrouvaient sans se connaître au milieu des livres blancs. À perte de vue, le monde était blanc. Papa et Mathilde, l'un près de l'autre, l'un contre l'autre au milieu de ce monde blanc, comme des mariés sur un gâteau, pensai-je, tout aussi beaux. Alors, dans cette boutique belle comme une église, avec les lumières mélangées du soleil et du plafond, des odeurs de propre et de neuf, du silence, des gens aux gestes lents, sages, avec la dame et les petites vendeuses comme des anges autour du curé, alors, dans mon cœur gros et dans mon âme, je les mariai. Pour le meilleur et pour le pire, murmurai-je entre les livres de théâtre. Alors papa demanda à Mathilde :

– Vous êtes vendeuse ?

Et Mathilde répondit :

– Oui, monsieur.

Un simple « oui, monsieur » et je savais que papa était amoureux puisque personne pas même

lui ne pouvait résister à la petite voix de Mathilde quand elle jouait à la marchande.
– Vous cherchez quoi ? demanda Mathilde.
– Qui ?
– Vous cherchez quoi ?
– Quoi ? se reprit papa.
– Oui, quel livre recherchez-vous, monsieur ?

Papa baissa les yeux, haussa les épaules, tourna les talons et sortit à toute vitesse. Sans même embrasser l'élue, papa avait filé en direction du vin d'honneur.

– Vous voulez les assiettes ou vous voulez les livres ? avait demandé le pompiste à papa qui lui prenait régulièrement de l'essence et qui, grâce aux vingt bons qu'il avait collectionnés, avait maintenant droit à un cadeau.
– Ils sont bien les livres ?
– Moi je préfère les assiettes, avait dit le pompiste, au moins les assiettes on peut manger dedans.

T'as vu ce bonhomme ? j'avais dit à Mathilde. C'est mon père... Elle avait ouvert grands ses yeux, bien ri un long moment, je me souviens, ça me gênait, son rire dans la boutique silencieuse – comme le pouce de maman dans les camemberts –, je lui avais dit : ris pas comme ça ! on n'est pas chez nous ! puis elle m'avait confié que le sourire de cet homme était joli et triste et ses yeux drôles, perdus, elle avait ajouté qu'on se ressemblait physiquement, premier point, mais surtout moralement et ça c'était le plus important !... Nous avions lui et moi le même goût pour la lecture... pardi...

Papa colla son nez sur la vitre du café, juste en face de la bibliothèque municipale. Il faisait des ronds de buée sur la vitre avec son nez. Dehors ça pleuvait beaucoup et c'était bon pour les jardins.

– Putain... dit papa, surpris, elle fait quoi là-dedans ?

– C'est elle qui donne les livres.

– Putain, recommença papa, encore plus surpris, encore plus admiratif, il faisait un troisième rond de buée sur la vitre avec sa bouche... c'est grand là-dedans !

– C'est rattaché à la mairie.

– La mairie ? Eh ben putain... ta fiancée ?

Je n'arrivais plus à compter le nombre de ronds qu'il faisait sur la vitre. Il avait mis son costume gris et son polo bordeaux boutonné jusqu'au col. Il s'était coiffé en arrière, ses cheveux brillaient, il se recula et regarda son reflet dans la vitrine.

– J'en ai pas trop mis de la crème pour tenir ?

– Mais non c'est bien... regarde ! – une feuille volait – y a du vent...

Un dernier verre de blanc... et le dernier verre de blanc, le dernier ! juré ! Papa reniflait comme un gosse. Il se donna un coup de peigne. On sortit du café. La ville était vide. Les gens travaillaient sans doute. Les murs s'occupaient de tout. Un chien allait sur trois pattes et la gueule pleine de fumée. Le vin blanc nous avait remis le cœur en route. Mathilde devait ranger ses fiches, étiqueter ses livres, noter les retours et les prêts dans le silence studieux de la grande salle de lecture de la bibliothèque municipale, détacher des petits bouts de papier adhésif pour les coller sur les pages déchirées des ouvrages rendus, tout en mettant sa langue dans sa joue, enfin ranger les livres à leur place, caresser l'un, caresser l'autre, pour les rassurer. Au bout de la mairie, papa s'arrêta.

– Et si elle trouve que je suis mal habillé ?

– Mais ça va !

On traversa la cour intérieure et le parking jusqu'au bâtiment de la bibliothèque devant lequel papa s'arrêta.

– On va boire un coup de blanc et on revient et après tu me la présentes, d'accord ?

Je le poussai dans le dos, on monta les marches, lentement, jusqu'au second étage presque entièrement vitré. On pouvait voir du palier un autre bout de la ville, coincé entre les murs obliques des anciens bâtiments, un bout triangulaire, comme une belle part de pizza couleur brique, la pointe vers nous et le rebord trop cuit perdu dans l'horizon jaune et gris des brouillards. Des cheminées fumaient et cette fumée qui montait coupait le ciel en deux. Comme je l'avais imaginé, Mathilde réparait un livre qu'un lecteur avait rendu déchiré, elle se tenait debout contre son bureau, le dos voûté et les bras tendus, en pleine opération. La lampe éclairait ses mains au travail. Elle posa délicatement un morceau de papier adhésif et rapprocha les deux bords de la plaie, jusqu'à ce qu'il ne reste de la déchirure qu'une cicatrice à peine visible, un trait gris clair qu'on aurait pu prendre pour une fibre de bois plus épaisse. Je connaissais ses gestes par cœur. Quand nous nous étions aimés, Mathilde manipulait ses livres avec violence, elle les ouvrait et les refermait en crispant ses doigts sur eux, elle y laissait les traces de ses ongles, mais lorsque son humeur virait mélancolique et solitaire, alors Mathilde les touchait avec beaucoup de douceur, elle les étiquetait et les rangeait comme si c'étaient les souvenirs fanés d'anciens bonheurs. Sa vie passait dans les livres. Il suffisait d'emprunter la Recherche de l'absolu traversée nerveusement de longues bandes adhésives pour savoir que ce livre avait été manipulé un temps où nous couchions comme des loups.

— Et voilà c'est neuf! dit-elle à haute voix dans la grande salle claire, puis elle fila dans le fond avec le livre serré contre son cœur.

Papa et moi on regardait ses fesses tanguer sous sa jupe. On la vit grimper le long d'une échelle, ranger l'ouvrage sur un rayon au ras du plafond, et c'est de cette cime que Mathilde nous aperçut, les deux bonshommes, les bras ballants juste à l'entrée de la salle, propres et fagotés comme au premier jour de la primaire, surtout papa qui s'était versé la bouteille de Saint-Michel dans le col et sentait fort jusqu'à Cancale.

— C'est ta mère... exactement ta mère! dit papa qui voulait faire un compliment, un drôle de compliment, tout tordu.

Mathilde descendit de l'échelle et retraversa la salle jusqu'à nous, papa fit un pas vers l'arrière, je le poussai vers l'avant, je sentais qu'il perdait les pédales dans son alcool.

— Si! c'est elle, murmura papa, c'est sa démarche à elle, elle vient du parc du château cette fille, pareil! et puis elle a les mêmes yeux et sa bouche! la même jupe!

Et quand Mathilde fut tout près de nous, il cessa son manège, se mit au garde-à-vous dans son costume et sourit tout à fait normalement. Mathilde tendit sa main. Papa la prit dans la sienne et ne la lâcha plus avant longtemps.

— Vous êtes venus, c'est gentil, dit-elle.
— On vient d'en face, dit papa sans malice.
— Voilà, dis-je, c'est papa.
— Mais on se connaît! dit Mathilde un peu gênée peut-être avec toujours sa main prise dans celle de papa.

— Ma femme elle est morte, dit simplement papa, elle lisait un livre et elle est morte en allant se baigner dans la mer... je vous le dis parce que vous êtes dans les livres...

Mathilde m'adressa un regard désemparé, ça nous avait cueillis. Papa tourna son nez violet vers les murs qui en étaient couverts.

— Vous les avez tous lus les livres des murs ?

Mathilde ne sut pas quoi lui répondre, elle émit juste un son, un « euh » long... mais ça suffit à papa, il acquiesça d'un mouvement de la tête qui voulait dire son admiration.

— Eh ben... il se tourna vers moi et jouant le spécialiste... ça fait dans les deux trois mille je dirais...

— Vous aimez la lecture ?

— Pas moi mais ma femme oui, dit papa, elle lit dans le fauteuil.

— C'est bien... chuchota Mathilde, pour la première fois je lui vis cette drôle de tête, avec des yeux ronds, des yeux idiots, une poule ! ça se comprenait, à cause de lui on avait tous l'air con.

— On voit bien la ville, dit papa, d'ici c'est joli.

Il tendit son cou.

— On est dans le ciel, dit Mathilde.

Il se mit à caresser la main de Mathilde, je crois sans s'en rendre compte parce que jamais, sciemment, il n'aurait osé, il regardait les toits de la ville et la pluie qui tombait dessus en rideau. Il fallait bien faire quelque chose alors je le poussai dans le dos, holà faut pas dormir ! on visite ! tu t'assois, tu demandes un livre, tu lis, c'est pas compliqué, dis-je en l'entraînant vers une table, celle qui est près de la plante verte, demanda papa, c'est possible ? pour l'oxygène... Il tira sa chaise et s'assit près du caoutchouc, comme au restaurant, le dos droit et les mains à plat sur la table. Si personne n'avait encore vu qu'on était des pauvres, comment papa s'installait à la table et comment il se tenait sur sa chaise d'école, prudemment, sur la pointe du cul, maintenant vraiment ça se savait. Papa n'avait jamais fichu les pieds dans une bibliothèque et moi, c'était récent. Je m'assis à table en face de lui. C'était un drôle de jeu pour nous, peut-être que c'était drôle aussi à regarder; une jeune fille qui lisait dans le fond de la salle leva la tête – elle quitta l'air du livre, cessa de battre la mesure avec la pointe de son pied –, nous observa en souriant puis reprit le cours lent de sa lecture, vivante.

– Voilà, c'est ça son travail, dis-je.
– Vous prêtez des livres? demanda papa à Mathilde qui avait tiré une chaise mais n'osait pas s'asseoir avec nous.
– Je les prête et je les récupère quand les gens les rapportent, c'est facile.
– Et si les gens rapportent pas les livres?
– Les gens les ramènent toujours.
– Putain! cria-t-il en se redressant, c'est ça qui l'épatait le plus, moi sur le marché je tourne le dos j'ai mes tomates qui s'envolent!
– Tu veux lire quoi? demandai-je à papa, pour jouer.
– Mais je veux pas lire!
– Et moi je viendrai vous acheter des tomates, dit Mathilde.
– Ah non, s'exclama papa, je vous les donnerai!
– Alors prenez un livre, redit doucement Mathilde, puis elle continua d'une voix forte: Vous avez choisi, messieurs?

Elle entrait dans le jeu, c'était un bon chemin pour pénétrer le cœur de papa, doucement... il avait le cœur repeint comme une chambre d'enfant... elle prit la même petite voix que dans la librairie, une voix monocorde un peu mécanique, c'est comme ça qu'on imite toujours les serveuses, en les faisant passer pour des idiotes.

– Je ne sais pas... je réfléchis... Vous avez quoi ? demandai-je à Mathilde.

– C'est pour lire tout de suite, demanda Mathilde avec sa voix de gourde, les mains croisées sur son ventre, ou bien c'est pour emporter ?

– Tout de suite, dis-je.

Papa nous regardait jouer Mathilde et moi, mélancolique. Mathilde se pencha sur lui, monsieur a choisi ? et je vis, ce fut plus fort qu'eux ! les yeux de papa voler furtivement l'image de la pointe d'un sein. Le sang lui vint aux joues, deux coquelicots poussés dans le Bordelais ! mais il se tut.

– Deux livres du jour, cria Mathilde, deux ! à la grande surprise de la jeune fille au fond de la salle qui n'était pas habituée à ces sorties claironnantes, on se doute.

Mathilde monta à l'échelle, papa et moi on vit sa petite culotte blanche ! elle revint avec Un artiste de la faim, qu'elle posa devant papa, et le Savon, qu'elle posa devant moi. Papa se retourna comme pour chercher la lumière bleue des Encyclopédies. Puis il se remit lentement dans le bon sens, en jetant un regard circulaire, il avait du mal à comprendre et ça se voyait ! tout ce qui se passait. Son eau de Cologne lui chauffait dans le cou et s'élevait dans l'air en cumulus criards. Il regarda fixement son livre – on lui avait servi du poulpe ! – la bouche rentrée, en plein désarroi.

– Kafka vous plaira, dit Mathilde, c'est quelqu'un qui se perdait tout le temps dans les couloirs.

– Ah... dit papa, rassuré, dans ce cas...

Dehors la pluie rentrait dans la terre chaude. Papa pencha la tête, instinctivement. Jusqu'à l'intérieur des livres ça sentait le jardin.

La semaine qui suivit, le feu détruisit la plus grande librairie, une fumée blanche s'éleva jusqu'aux nuages, soufflant des milliers de livres calcinés qui retombèrent sur la ville. On évacua les maisons proches. Puis la fumée se dissipa et le soleil revint. Pendant longtemps on trouva des petits bouts de phrases et des extraits de romans brûlés dans les arbres et les taillis, au creux des gouttières et dans les angles de mur, les promeneurs pouvaient arracher un peu de lecture aux branches ou bien tirer quelques mots roussis de l'eau des bassins. La littérature était partout, en miettes. Les livres qui n'avaient pas brûlé flottaient dans la boutique, trempés, détrempés, gonflés d'eau, tas informes, amas de pâte gluante, littérature mondiale réduite en bouillie sous les tonnes d'eau que les pompiers avaient déversée pour maîtriser l'incendie. Quant à papa, il avait disparu. Je l'avais cherché à la maison, au potager, personne ne l'avait vu au café des jardins ni au café du Marché, ni chez le boulanger de la place, ni chez le caviste où il achetait régulièrement son vin. La lumière bleutée des Encyclopédies brillait dans la salle à manger. Papa avait accroché au mur d'autres photos, des photos de mariage, il avait posé sur la table un grand livre illustré avec des dessins, et entre les pages des fleurs séchées, Yvan et l'Oiseau d'or, que faisait là ce grand livre si beau avec des dessins de soldats russes se battant au sabre et traversant les fleuves gelés, avec des images de paysannes ramassant dans la neige les longues plumes d'un oiseau d'or? et, j'écarquillai les yeux! papa avait creusé un trou dans la cloison de la chambre, si bien que du lit on voyait la fenêtre de la salle à manger et plus loin le vitrail au cul de l'église, le petit vitrail circulaire qui représentait la Madone, superbe et blanche sous un rai de soleil tombé du ciel qui était Dieu. Le petit vitrail brillait derrière un grillage. On avait l'impression que la Madone regardait dans la chambre. Qu'elle vous regardait directement dans le cœur. Entre deux sommeils comme entre deux rêves, c'est vrai, papa pouvait croire au miracle de l'apparition de maman dans la chambre, maman devenue sainte et qui aurait un peu maigri à force de monter au ciel et de redescendre. Il avait fait brûler de l'encens. Fumé des Pall Mall. Réchauffé des raviolis dans une casserole. Cassé un verre. Bu trois litres de rosé et troué le mur – certainement dans cet ordre –, mis de la morue à dessaler, sorti de l'armoire deux draps épais brodés à leurs prénoms et fait tomber la pile des slips. Je trouvai au pied du lit sous la couverture repoussée un autre livre rouge et or, les Contes et Légendes du Nord. Je mis mon nez dedans. Le livre sentait l'encens. Cette odeur douce n'arrivait pas à se décider entre le malheur et le bonheur, elle racontait un peu des deux selon les pages. On allait dans le livre comme à pied dans la campagne, quand une odeur de terre vous prend à la gueule et vous fait trembler de plaisir tant elle est gorgée de vie, mais, soudain passé le virage, la même odeur vous fait la boule dans le ventre parce que la route tire maintenant un trait droit au milieu des prés vides couverts d'une herbe rase et bleue. Un autre livre traînait sur la table de nuit – c'est ce qu'on dit des livres posés sur les tables de nuit, qu'ils traînent –, c'était le beau Germinal d'Émile Zola presque neuf. Que faisait-il là celui-là? Et La Fontaine, que faisait-il là lui aussi, ouvert sur un tabouret sous le lavabo? Une invasion! Comme des chats qui seraient entrés par une fenêtre cassée pour faire leurs petits dans la maison. Fallait-il donner un bol de lait à Germinal? Germinal, viens ici! Petit, petit! Et pour moi un coup de rosé! Je bus la demi-bouteille qui restait sur la table. Maman dans sa robe de mariée dansait sur les murs, papa avait vidé et punaisé toute la boîte de vieilles photos, à elle seule maman faisait le bal, elle tournait, tournait, faisait voler ses voiles dans la lumière des Encyclopédies, si douce lumière, presque une musique. Peut-être papa ramenait-il des livres à la maison pour qu'elle le trouvât toujours beau? Peut-être s'installait-il dans le fauteuil et mimait-il pour maman les gestes lents de la lecture? Elle sortirait de l'image et viendrait l'embrasser en disant: lis pour moi s'il te plaît, à haute voix, pendant que je danse, lis-moi une jolie scène de bal, un conte, une aventure de vendangeurs, et après je laverai tes chaussettes, quel fourbi! J'allais m'allonger sur le lit. L'attendre. Peut-être dormait-il chez la patronne du café des jardins? Avec Vladimir Nabokov qui lui ronronnerait sur les pieds? Ses yeux d'or dans la nuit? Je voulais m'endormir je crois, les Contes et Légendes du Nord posés sur le ventre, gros livre lourd et chaud qui me protégerait. M'endormir dans ce sillon du matelas qu'il avait creusé année après année. Les draps sentaient la sueur aigre d'un vieux bonhomme. C'était l'odeur des bars, quand tout le monde après le travail boit beaucoup, la sueur de la journée se mêle à la vinasse. Je me glissai bien dans le creux, mon dos dans le moule de son dos, la tête sur l'oreiller en forme de son crâne plein d'idées drôles. Le sommeil habitué à la chambre et au lit viendrait m'engourdir croyant que c'était lui. Et tous ses rêves, étourdis, victimes du même quiproquo me feraient rêver ce qu'ils avaient préparé pour lui. Être mon père qui dort, immobile dans son secret. Où était-il ? Allongé mains derrière la nuque peut-être, une paille à la bouche dans un box des abattoirs municipaux à vivre la dernière nuit des animaux, dans leurs odeurs et dans leurs cris comme il lui arrivait de le faire quand il était trop saoul pour rentrer ? Mourir avec eux et qu'on me mange ! criait-il dans la nuit des bêtes. Le lit sentait l'animal. Je voulais moi aussi regarder par un trou de mon sommeil la Madone de l'église me sourire. Le miracle se produisit lorsque le préposé de la mairie alluma les éclairages publics, la lueur du lampadaire planté devant chez nous – le septième depuis les jardins – illumina le vitrail d'une vive clarté, aussitôt dans cette lumière tremblante du vol des chauves-souris, la Madone rassembla ses voiles et escalada la montagne pour danser. Papa faisait valser la Vierge en utilisant les talents conjugués du bon Dieu, dans le ciel, et ceux de Bébert, pompier bénévole et responsable des éclairages à la mairie. Papa méritait bien d'être heureux.

– Comme je dis tout le temps on ne lit pas à table, et encore moins quand on est chez la grand-mère.

La gamine âgée d'une dizaine d'années fixait ses pieds à travers ses grosses lunettes. La mère sifflait un doigt de porto et parlait fort. Je buvais mon coup de blanc au café du Marché, chez Irène, avec Léon.

– Ton père ? Il est à la maison, dit Léon, il est dans la grange depuis une semaine, il a un fusible qui a fondu.

– Elle a raison la grand-mère, non ? continua la dame sans poser son verre de porto décoré d'un trait de rouge à lèvres. À son âge plus on lit et moins le sang circule.

– Mais si ! répondait la patronne à chaque exclamation de la cliente qui en était au troisième apéritif.

– Regardez-la, continua la maman, elle a ses joues comme des navets !

– Mais je vois ça, s'exclama encore la patronne avant de s'adresser directement à la gamine, elle lui lança par-dessus son comptoir : De toute façon le sang c'est pas fait pour lire !

On prit le camion. Ça dégoulinait de partout. L'eau blanche passait sous la ridelle. Léon avait récupéré dans la grande librairie détruite les livres détrempés par les pompiers. Le chargement rota un gros « floc » en glissant vers l'avant suivi d'un « plofloc » plus énorme encore quand il glissa vers l'arrière, le camion faisait à sa façon office de bibliothèque – bibliothèque molle par Dali –, une bibliothèque ambulante qui passerait dans les campagnes pour proposer des livres à lire sous la forme de bouillie, nourriture comme il en existe en pots pour tout-petits – pomme poire Giono banane, pêche abricot Flaubert melon – et dont les adolescentes raffolent quand elles rejouent secrètement au bébé. Léon tira sur le volant, mit son clignotant, déboîta sans regarder, lança un bras d'honneur à une voiture de la poste qui klaxonnait, va te faire foutre, peau de bite ! fainéant ! fonctionnaire ! il accéléra, enclencha la seconde, le chargement vint s'écraser dans notre dos, boucha la fenêtre de la cabine puis la vague mousseuse passa par-dessus le toit, dégoulina sur le pare-brise, nous aveugla quelques secondes, comme en mer, sale tempête ! le capitaine mit l'essuie-glace, griiiiiiiiiik !

griiiiiiiiiik ! la ville réapparut par bandes à travers l'écume, il passa la troisième dans les hurlements du moteur, sale vache ! et le moteur répondit au chauffeur : sale vache toi-même ! floc ! plouf ! flac et reflac ! nous transportions la marée montante, je m'accrochai solidement à la portière rouillée les jambes tendues, fainéant ! fonctionnaire ! quatrième, hurlements, sale vache ! les pigeons paniqués quittaient déjà la ville, je crois, quand on prit sur la droite en direction de Mézin, en route mauvaise troupe ! beugla encore le gros Léon et il devint tout rouge, maintenant, c'était parti.

Un fin trait de coquelicots avait poussé le long de la nationale. Les nuages blonds donnaient au ciel très bleu de la mollesse. Tous les cent mètres des maraîchers vendaient leurs tomates en cagettes, des centaines de kilos d'un beau rouge vif accotés au tronc blanc des platanes qui renvoyaient le soleil sur les fruits. Plus loin c'étaient des pêches. Des melons. Léon clignait des yeux à chaque tronçon ensoleillé de la route. Il avait trop bu pour conduire et somnolait au volant.

– Dans le tas y en a bien qui sont encore bons, dit-il en désignant d'un mouvement de la tête son chargement, les livres d'amour ça a souvent la couverture cartonnée, sur le marché c'est ça que je vends le plus, les gens aiment bien l'amour parce que souvent avec l'amour y a pas beaucoup de personnages... un homme et une femme... même si des fois y a la reine du pays d'en face qui est jalouse de la princesse c'est le maximum ou même une fée qui fait chier la sorcière c'est jamais beaucoup plus... il réfléchit en se grattant le haut du crâne, respira une grande goulée, c'est comme ça qu'il parlait, il préparait ses phrases et les lâchait d'un coup puis reprenait sa respiration le temps de

reformer une phrase... que j'attendais avec impatience parce que je craignais de l'entendre soudainement ronfler! attention! dit-il en se redressant sur le siège, je parle des histoires d'avant parce que les amours de maintenant faut s'accrocher à la ligne parce que, entre les agents secrets et les pilotes d'avion, souvent on sait plus qui est qui... par contre ça se passe souvent dans les îles au milieu de la mer... il se tut... inspira profondément...
- Ça va, Léon?
- Ça va... on apprend des nouveaux poissons parce que c'est rare que les amoureux aillent pas à la pêche avec un harpon dans ces livres-là, et ils font cuire les poissons sur la plage... ah oui, sur la plage, répéta-t-il, pensif, il serra le volant avec ses grosses mains qui étaient à elles seules une attraction de foire, il pensait, j'imagine, aux lagons et aux jeunes filles aux seins nus, ses gros yeux de vache bleu clair et délavés par l'alcool regardaient la route au loin. Il tourna la tête pour mieux écouter les cliquetis bizarres du moteur.
- Ça va, Léon?
- Pourquoi ça irait pas?... ça va...
Des vents qu'aucun obstacle ne freinait filaient sur la plaine maraîchère, soudain l'un d'eux vint taper le camion qui fit un écart. Léon tira le volant, son tatouage Saint-Émilion se gonfla sous la peau comme une petite bête qui soupire avant de se rendormir... et ce qui est bien aussi, poursuivit Léon tout en plissant les paupières dans les intervalles de soleil entre les arbres du bas-côté, ce qui est bien aussi c'est les A à Z, tous les A à Z, les Champignons de A à Z et les Fleurs des prés de A à Z, les Animaux de A à Z, les A à Z c'est cartonné avec le même carton que les histoires d'amour, ça

tient bien le coup avec le temps... j'avais l'impression qu'il se parlait à lui tout seul, Léon parle à Léon... c'était à force d'être toujours seul, peut-être, à triturer des livres et des livres bourrés d'histoires incroyables avec personne à qui les raconter sinon à soi qu'il avait choisi de se parler comme à un autre. Dans le silence des greniers et des granges, après tout, c'était plus normal que de parler tout seul comme un vieux.

– Et qu'est-ce qu'il fout là-bas depuis une semaine ? lui demandai-je.

– Tiens-toi bien, répondit Léon, ton père, il lit !
– Il lit ?

Léon laissa passer deux platanes, deux ombres sur la route et deux éblouissements dus au soleil avant de poursuivre.

– Il lit des livres... des livres comme ceux-là.

Il refit un mouvement de tête en direction du chargement de livres qu'il avait sauvé de la mort. Le tas fumant prit soudain pour moi la forme d'un cheval blanc et fourbu allongé sur le côté le ventre gonflé, resplendissant et qui se réchaufferait au soleil. Léon se tourna vers moi. Je sentis son haleine, un coup de poing, sur ma joue.

– Je crois que ton père devrait se calmer un peu sur la bouteille, dit-il.

– Je sais.

Il me regarda droit dans les yeux, prit son air le plus grave, chercha ses mots puis il se remit dans l'axe de la route sans avoir rien dit. J'eus l'impression qu'il cherchait à m'expliquer comment on fait des bébés.

– Tu fais quoi en ce moment ? dit-il enfin.
– Rien.
– Tu bosses ?
– Je cherche, lui dis-je, mais ça s'entendait que je mentais, au fond, il n'y avait que pour les

livres que mes mensonges étaient beaux comme du vrai.

– Ça te dirait de me filer un coup de main, demanda-t-il en regardant toujours loin devant, j'ai besoin d'un jeune... il attendit un moment avant de reprendre : Ton père m'a dit que les livres ça te connaît, c'est vrai que tu fabriques des bibliothèques ?

– C'est vrai, répondis-je tout en regardant le chargement blanc rouler sur lui-même et se balancer, bibliothèque bien rangée commence par étagères bien pensées...

– Eh ben ! s'exclama Léon.

– J'ai appris tout seul.

– Moi j'ai pas de chance, dit-il en éclatant de rire, mes deux grands de ma femme d'avant je les ai en prison ! il se frotta l'œil droit qui pleurait une grosse goutte, des beaux gaillards intelligents mais seulement avec eux faut pas laisser traîner les chandeliers et les chaudrons, sinon c'est le seul défaut...

Le cheval blanc semblait vouloir se relever chaque fois que le camion sortait d'un virage. Son ventre fumait dans la lumière du midi. L'amas de bouquins tremblait de partout, lâchait son jus qui ruisselait sur la route. Ça faisait drôle à regarder ; c'était comme la trouille. Ça remontait de l'intérieur pour venir onduler en surface. Le beau cheval blanc ne voulait pas crever. Ça ne m'étonnait plus tellement que papa dans son malheur se réfugie auprès des livres mutilés. Allongé sur le dos, ses mains derrière la nuque, une paille à la bouche, il vivait à sa manière la dernière nuit des chevaux. On quitta la nationale pour une route qui filait à travers les pins. La cabine s'emplit des odeurs de résine. Puis on prit un chemin de cailloux dans les maïs. On passa le porche d'une ferme.

— Terminus ! cria Léon pour le cheval fourbu peut-être et pour moi.

On se gara au milieu de la cour, le cheval trembla une dernière fois et s'immobilisa dans le jus. Le silence revint. Les pigeons que le bruit du moteur avait effrayés tournèrent un temps au-dessus de la cour avant de se reposer sur les toits par petits groupes. Léon se tourna vers moi.

— Tu sais ce qui lui manque à ton père ? le bruit des pas ; et il sauta du camion en grommelant contre son moteur qui perdait de l'huile, il donna un coup de poing dans le pneu, fit quelques mètres en direction de la maison, stoppa pour m'attendre puis continua sur le même thème, ça lui fait du bien les bruits de fourchettes ! faut le voir quand il mange la soupe ou quand ça ricane dans les chambres ! et comme Léon mimait le geste de donner la fessée aux gosses les poules accoururent croyant qu'on leur jetait du grain, il les chassa du pied, connasses de poules ! puis il me poussa dans le dos jusqu'à la porte.

C'était très bas. On n'y voyait rien du tout parce que toutes les fenêtres semblaient bouchées. Je restai un moment sur le pas de la porte, jusqu'à ce que mon œil s'habitue à l'obscurité, petit à petit une femme aux longs cheveux roux et au visage très sauvage apparut, assise à table au milieu de la cuisine et qui donnait le sein à un bébé. Léon lui arracha le bébé des bras et il le souleva dans les airs, l'embrassa fort, me le montra en gueulant son prénom : c'est Antoine ! puis il le recolla dans les bras de la jeune femme aux longs cheveux roux, la bouche du bébé qui n'avait pas cessé de téter claqua sur son sein blanc, le bébé se remit à manger comme si de rien, il ronronnait et la maman me regardait l'air un peu surpris et silencieuse. Mais ses lèvres accompagnaient d'un mouvement à peine perceptible les mouvements des lèvres de son bébé, de sorte qu'à chaque succion de l'enfant la mère semblait lancer dans l'air un petit baiser, pour remercier la vie. Je finissais par y voir tout à fait clair. On avait entassé contre les murs des paquets de livres et aussi des brochures et des journaux ficelés en paquet, contre les fenêtres, sur le haut du buffet, par terre jusqu'au plafond. Et je vis plus tard qu'on avait fait la même chose dans les chambres. Dans la salle à manger. Dans les couloirs. Dans l'escalier, sous le toit, dans la vieille baignoire en fonte! par milliers! centaines de milliers peut-être! une carrière de livres à ciel couvert! des livres comme des parois creusées dans le jour et dans la nuit de la campagne! qui laissaient juste la place de bouger aux habitants! ça suffisait d'ailleurs! tous récupérés à droite à gauche, rachetés pour rien ou presque, trouvés ficelés à côté des poubelles. On aurait cru la maison construite en papier, une forteresse aux murs épais de un mètre et fragile comme un poème. Les enfants couraient partout – combien étaient-ils au juste? Cinq? Six? Dix? Léon savait-il lui-même combien il avait de petits dans sa maison? –, se faufilaient dans les couloirs qui n'étaient plus que des tranchées étroites, des goulets de la largeur des gamins. Ils dormaient dedans, par petits tas, ils s'étaient fait dans les livres des nids douillets comme des petits loirs. Les pigeons pondaient sur les piles. Les poules couvaient entre les tas. On les entendait courir à l'étage mais le bruit qui traversait les murs de littérature semblait venir de loin. On se sentait dans cette maison comme dans l'oreille des choses. La jeune femme aux longs cheveux roux battait la mesure de ses pieds nus sur le sol jonché de vieux journaux. Un chat les suivait du regard de sous le poêle.

— Entre ! Mais entre donc ! dit Léon, puis, après un court silence, le temps pour moi de me rapprocher de la jeune femme aux longs cheveux roux dont je voyais le sein blanc magnifique offert à la gourmandise du petit, il ajouta, sans que la mère ne montre sur son visage d'une grande beauté le moindre étonnement : T'as déjà goûté du lait de femme ? ton père il adore ça ! dit-il dans un éclat de rire, c'est pour ça qu'il veut plus partir !

Il se pencha et plaqua sa grosse bouche sur la gorge de la jeune femme aux longs cheveux roux. Elle avait le visage large, avec des pommettes saillantes et des petits yeux fendus. Elle ferma les yeux. Les rouvrit. J'étais toujours là. Immobile. L'enfant y allait vaillamment, ronronnait du fond de sa gorge, la jeune femme aux longs cheveux roux inspira profondément, ses seins se gonflèrent encore et les petits kilos du corps de l'enfant se soulevèrent doucement comme une plume, elle expira, la bouche suivit la pointe dure du sein, comme un flux et un reflux du corps, sans que la jeune femme aux longs cheveux roux change cette drôle d'expression étonnée qu'elle avait sur son visage ni la fixité de son regard. Elle entrouvrit ses lèvres. Posa une main épaisse sur la tête de l'enfant. Enfin, elle me sourit.

— Vous venez pour acheter des livres ? demanda-t-elle avec un curieux accent étranger mais je ne savais pas d'où.

Léon susurra quelques mots incompréhensibles tout en triturant une tige de fer dans le poêle. Le bébé soupira et cessa de manger. On resta longtemps elle et moi à se regarder dans la cuisine pleine de livres et d'ombre. Le bébé glissa lente-

ment, sa bouche libéra la pointe du sein. La jeune femme aux longs cheveux roux me dit seulement :
– Quand on lit au soleil, on est bien.

Il fallut déplacer deux cents kilos de bouquins pour le retrouver ! papa s'était faufilé entre des gigantesques piles de livres, englouti, perdu ! éloigné des gens et parti vivre chez les souris, reclus dans le monastère poussiéreux de la grange où Léon entassait toute sa matière, avalé tout vivant papa ! il restait sourd à nos appels comme quand on venait l'emmerder au jardin. Il s'était mis bien dans le fond, à l'emplacement de l'ancien pressoir, disait Léon, y a pas plus loin après c'est le mur puis des éboulis et encore un mur et après c'est les champs ; avec entre le monde trop plein de vent et lui ces blocs de papier solides comme de la bonne pierre, grands volumes émouvants attaqués par le soleil tombé du toit croulant, et figés dans le silence. Une forteresse en vieux livres pour pleurer ! Crever tout seul et peinard ! Un troisième pôle en papier... Pas de la tarte ! Je réussis à me glisser jusqu'à sa cachette, un petit carré dans la masse des livres comme une courette de prison, quel poème ! papa s'était assis sur un tabouret de paille avec tout autour de lui éparpillés sur la terre battue plusieurs dizaines de gros livres ouverts et trois gamins qui lui dormaient contre les jambes, recroquevillés, poings serrés sous la joue. Des anges. Et pas des anges humains. Des anges de chez les fleurs.

– Papa... c'est moi... dis-je à voix basse, ça va ?

Il ne releva pas la tête. Laissa tomber son livre. En prit un autre dans le mur. Voilà comment il lisait, en arrachant les livres de la paroi comme un animal creuse dans la terre pour agrandir son terrier. Léon qui était resté à l'entrée de la grange se remit à gueuler : tu nous fais chier, Lulu ! sors de là ! t'es pas un rat, ducon, t'es un pochetron ! puis il déboucha bruyamment une bouteille pour faire sortir le vieux, poc ! efficace ! le vieux montra la face, ses yeux brillaient tout rouges à force de lecture, son visage tremblait dans la petite aube de la bougie, lui et ses livres et les gosses et la flamme qui les léchait tous, on aurait dit une admirable peinture, pas d'hier. Comme je m'approchai de lui il se redressa tout à fait sur sa chaise et fit grincer la paille, il me posa la main sur la joue pour me repousser quand j'allais l'embrasser, j'en sentis la peau dure comme un placage de bois me caresser la barbe naissante.

– Qu'est-ce que tu viens fiche là, mon gamin ? me demanda-t-il.

– Rien, je te cherche.

– Je suis là.

– Je vois que t'es là tu fais quoi ?

– Je suis là c'est tout, répéta-t-il comme s'il ne trouvait pas les mots ou le courage de dire ce qu'il fabriquait caché au fond de la grange à lire des livres à la bougie.

– Tu sors boire un coup avec nous ? lui dis-je, car je savais la formule capable de miracles et Léon, pour aider, se remit à gueuler à la porte de la grange, il donnait de la voix comme sur le marché aux vins pour vanter la qualité de son petit bordeaux blanc.

On entendait à travers les tuiles les pigeons roucouler sur le toit. Papa laissait toujours sa main sur ma joue. On avait nos têtes proches l'une de l'autre. À respirer l'air chaud qui sortait de l'un pour rentrer dans l'autre. Puis sa main descendit lentement, elle se posa en travers sur le livre, pof, doux bruit, caillou plat au fond de l'eau, enfin il baissa les yeux.

– Faut que je lise, dit-il.

– Mais tu liras plus tard et d'abord pourquoi tu lis, toi ? Tu sais même pas lire ! T'as les yeux qui pleurent tellement ça te pique, tu vas devenir aveugle avec ces conneries-là, je te le dis, je connais quelqu'un à qui c'est arrivé !

Les gamins réveillés par nos voix me regardèrent par en dessous, je devais leur apparaître immense et rouge à travers le petit voile de sommeil, un ogre sorti des livres avec des grands pieds qui puent. Mais ils ne bougèrent pas. Ils restèrent allongés contre les jambes de Lulu, la lueur de la bougie répétée dans leurs regards avec sur leur figure la même expression d'étonnement. Papa haussa les épaules.

– Si on peut plus lire tranquille ! dit-il sans rire, et il se remit à bouquiner.

Ses joues tremblaient. La sueur perlait au-dessus de sa lèvre. Ses oreilles flambaient comme au soleil. Pour faire l'obstiné je m'assis sur la terre au milieu des livres ouverts. C'était une ferme et ses hangars sur une colline à trente kilomètres de la ville mais on était vraiment je ne sais pas où... Papa se penchait sur sa page. Jamais il n'avait lu et le voilà qui lisait comme un lecteur. Avec application. Concentration. Avec toute sa chair et tous ses os, les genoux joints dans sa prière et les pieds bien à plat pour finir le dessin de la statue. Papa était parti en lecture. Ça lui arrondissait le dos, les épaules et les fesses d'être assis avec un livre et penché vers l'avant ; papa rapetissait, respirait tout doucement ; je connaissais cette façon qu'il avait de se pelotonner et c'était toujours dans les bras de maman, pour s'y faire minuscule et chaud il avait son secret. Sur les photos de mariage, celles du bal, on cherchait papa dans les bras de maman, il avait disparu... on regardait mieux... et puis on le retrouvait le mari, englouti ! cerise vermillon glissée dans la crème des voiles légers ! Les gamins rendormis sifflaient du nez. Il avait l'air fatigué mais quand même ça lui allait bien la lecture – de toute façon j'avais l'impression que la lecture allait bien à tout le monde sauf à moi –, papa plissait les paupières et bougeait ses lèvres en même temps qu'il faisait glisser son doigt. Il écorchait beaucoup les mots, tordait sa bouche dans tous les sens et revenait plusieurs fois sur les mots les plus difficiles, je pouvais les imaginer ces mots trop longs si durs à lire après qu'il les eut enfin arrachés de leur page, pendouiller au coin de sa bouche comme une touffe d'herbe au coin de la gueule d'une vache. Il posa sa main à plat sur la page, caressa machinalement le papier, puis il posa le livre pas fini du tout par terre. En prit un autre dans le mur, qu'il ouvrit, précisément, mais pas au début... je regardais les livres ouverts sur le sol et je compris qu'il ne lisait qu'une page ! l'unique page ! et pas n'importe quelle page ! dans tous ces livres qu'il arrachait à la paroi papa lisait seulement la page vingt-sept parce que papa cherchait la page vingt-sept qui serait la plus belle du monde ! dans la grange de chez Léon, à la lueur d'une bougie, papa recherchait désespérément cette page du livre qui aurait pu sauver maman comme n'avait su le faire la page vingt-sept des 1 275 âmes de Jim Thompson... il cherchait cette page qui aurait pu réconcilier tout le monde, la mort et la vie... elle avait ramassé la plume dans le sable, l'avait secouée contre sa cuisse blanche pour en faire tomber les grains et puis elle l'avait sentie comme on sent une fleur avant de la glisser dans le livre doucement, puis elle avait laissé le livre se fermer tout seul sur la plume qui le dépassait largement, enfin, elle avait rouvert le livre, regardé la plume couchée en travers de la page, soufflé dessus parce qu'une idée lui avait traversé la tête mais pour finir elle n'aurait pas refermé le livre, elle aurait repris le cours de sa lecture parce qu'elle n'avait pas pu s'arracher à cette histoire qui la sauvait...

– Tu ne te baignes pas avec nous ? aurait demandé papa.

– Non, je lis ! aurait dit maman.

– T'as tort, elle est bonne, aurait crié papa.

– Non, je finis !

– Tu viens à la mer, tu te mets le maillot et c'est pour lire ! aurait ragé papa, les genoux déjà dans les vagues, alors dans ce cas-là tu serais mieux à la maison dans le fauteuil !

La mer roulait les corps des gamins qui riaient, qui se laissaient emporter et rejeter sur le sable. L'eau venait lécher les pieds des lecteurs qui reculaient avec la marée montante. Le bruit de ces rouleaux scandait et donnait un rythme à la lecture, quand l'énorme masse d'eau s'écrasait sur le sable les lecteurs assidus levaient leurs yeux, de sorte que les visages eux-mêmes montaient comme une vague régulière de mines réjouies sous le soleil et le vent qui piquait les paupières.

– Tu viens ? on fait de la plongée !

Maman n'aurait pas répondu tellement elle aurait aimé reprendre le cours tranquille de sa lecture, page vingt-huit et page vingt-neuf et jusqu'au bout ; jusqu'à la nuit et ses étoiles, au-dessus de nous tous, bien vivants... La flamme de la bougie trembla. Je crois que mon cœur se mit à battre si fort que papa l'entendit et il comprit que je venais de comprendre. Il leva les yeux qu'il avait pleins d'éclats. On se regarda jusqu'à ce que la bougie s'éteigne et même encore longtemps dans le noir.

– Comme vache qui pisse ! voilà comment il lit ton père, gueula Léon en servant du vin à tout le monde, comme vache qui pisse ! répéta-t-il en me faisant un gros clin d'œil, puis il expédia une claque dans le dos de papa qu'on avait installé en bout de table dans la salle à manger, il éclata de rire, tout rouge ! en recrachant un peu d'omelette, bien content qu'on se fiche de lui, bien content finalement que Léon le serre dans ses bras ! le secoue ! l'embrasse ! lui coince la tête sous le bras comme un ballon... t'es qu'une tête de mulot ! pine d'alouette ! bite de gnou ! t'es qu'un caca de grenouille !

La jeune femme aux longs cheveux roux installée à l'autre bout de la toile cirée nous regardait avec cet air étonné qui ne la quittait jamais, à croire que chaque battement de paupière lui faisait redécouvrir les formes et les couleurs de ce qui vit. D'anciens paniers de vendange remisés dans un coin de la pièce sentaient fort le vinaigre et cette odeur pointue se mélangeait à l'odeur douceâtre du vieux papier, c'était un peu écœurant au début et puis on s'y faisait très bien, mieux, on la goûtait comme une réminiscence. Les gosses chipaient des morceaux de pain, du saucisson, du gruyère, ils repartaient en courant dans leur terrier parce que aucun ne voulait manger à la table, sautillant et se bousculant sur le plancher ils faisaient naître dans le dos des livres des tremblements proches du vivant. Ils revinrent piquer dans le paquet de gâteaux en poussant devant eux, à coups de pied dans le croupion, une grosse poule couleur feu. Les rires, les cris, les cavalcades s'étouffaient vite dans les épaisseurs du papier. C'était la razzia, leur façon de manger, le vol en bande ! Les gamins se ressemblaient si peu les uns les autres... qu'on aurait dit des gosses volés.

– Tu sais ce que t'es, toi Lulu ? dit Léon en forme de conclusion au repas qui s'était éternisé en nombre de bouteilles, maintenant on boirait seulement un coup sans manger, dans la nuit, planqués dans cette maison en livres, paumés dans les maïs, sous la lune... Toi, mon Lulu, tu es une noble vache...

Tard dans la nuit, une petite fille en chemise de nuit traversa le long couloir, elle était tout en sommeil et suçotait le coin d'un mouchoir qu'elle serrait contre sa bouche, elle se guidait dans le couloir sans lumière en faisant glisser sa main gauche contre le mur, le bout des doigts sur le doux des livres et les pieds nus sur les journaux éparpillés. Elle tâtonnait. Les voix passaient à travers la porte de la salle à manger. Un fin trait de lumière dessinait un rectangle au fond du couloir. La petite fille avança dans le noir puis elle s'immobilisa devant la porte du fond, minuscule silhouette blanche faiblement éclairée par le rectangle de lumière. Elle se coucha devant la porte, sur le carrelage froid ; écouta les gens qui parlaient du côté des lumières jusqu'à ce que Léon ouvre la porte pour aller pisser dehors, alors la petite fille demanda s'il ne voulait pas lui lire un livre parce qu'elle avait peur. On alla s'asseoir sous le tilleul. Papa prit la gamine sur ses genoux. La lumière lointaine de la cuisine nous suffisait. Une poudre blanche volait derrière la vitre. Dans d'autres fermes, loin vers les champs et loin en direction de la route nationale ça aboyait. Léon piqua du nez dans son verre de vin épais comme de l'encre au fond duquel un biscuit rose à la meringue fondait. Ça puait dans la nuit la merde de cochon. Léon les engraissait en leur faisant bouffer des bottins téléphoniques mélangés à de la patate, c'est ce qu'il disait, quand on mangeait du cochon élevé par Léon on mangeait du cochon de la poste. La tiédeur qui s'élevait de la terre faisait cliqueter les longues feuilles sèches des maïs. Papa regarda le ciel et il nous fit remarquer que la Grande Ourse avait une forme de casserole... oui, dis-je, et aussi on voit bien le manche... il était grand temps que ces hommes nouveaux que nous étions devenus aillent se coucher. De toute façon la gamine allait mieux. Elle trempait son biscuit dans tous les verres.

C'est Mathilde qui eut l'idée. Le samedi suivant, tous les trois, avec papa, on prit le car pour aller à la mer. Le vent avait chassé le mauvais temps de la veille. Il restait à l'horizon quelques gros nuages gris. On installa les serviettes sur le sable. Entre les serviettes on posa les paniers. Un panier pour le repas. Un panier pour les livres. Mathilde avait pris deux bouquins pour chacun, que nous ayons le choix. Ça faisait presque peur ce panier plein de bouquins par-dessus les tubes de crème et les chapeaux ! Avec papa on s'était regardés. On s'était tout de suite compris. Pendant tout le trajet du car on avait regardé ailleurs mais je savais qu'on pensait, lui et moi, aux mêmes choses, dans le même ordre sans doute et presque aux mêmes moments. Comme on s'était mis côte à côte à l'avant, on redécouvrait la route à travers le pare-brise, le chauffeur repassait un vieux film... les vergers de pruniers, les champs de melons, les gravières et, à la fin du film, le corps blanc d'une femme dans les rouleaux... la vingtaine de gamins d'un club de sport chantait dans le fond, ohé ohé ohé, les espadons les espadons ! ohé ohé ohé ! les espadons sont là ! les espadons ! Les espadons ! sooooooont là ! ohé ohé ohé ! Pour les faire lire, ceux-là, il faudrait au monde une belle patience... Mathilde s'était assise dans la rangée de gauche et regardait filer la route, son livre ouvert sur les genoux, les mains posées à plat sur les pages, sans lire, et le soleil dans les yeux. Souvent elle se tournait vers moi et se penchait par-dessus les paniers pour me dire à travers l'allée comme c'était beau ! autant de champs de melons j'en avais jamais vu ! et nous, les deux vieux, on s'appuyait l'épaule contre l'épaule, peut-être que des melons on en avait trop vu... Mathilde sortit la crème. Elle s'en passa sur le visage et sur les bras, faisant planer tout autour d'elle des odeurs de vacances. Mathilde savait tout sur nous, sur le petit rangement de nos âmes. Sa désinvolture m'épatait. Elle fredonnait en se caressant les avant-bras. Une drôle de chanson... Le temps passe sur terre / pas moyen de se cacher / aucune niche nulle part à l'abri de ce vent-là / pourquoi le temps ne passe-t-il pas juste à côté de la terre / comme un météore / à quelques milliers de kilomètres seulement / on la verrait au télescope / la boule de temps passer / avec sa longue queue / chevelure de temps pleine de glace prisonnière sur laquelle la lumière des étoiles joue / le temps / jolie comète / viendrait à frôler la terre de temps en temps... Puis elle reboucha le tube de crème et le glissa sous les livres qu'elle souleva avec le petit doigt tendu pour ne pas les graisser. J'y vis, tout en dessous, c'était le premier de la pile, les 1 275 âmes de Jim Thompson... on ralentit, on dépassa un accident, que de la tôle ! et on reprit notre route normalement, jusqu'à la mer... La mer enfin ! ohé ! ohé ! ohé ! les espadons sont là ! personne ne put empêcher les gosses du club de sport de monter sur les sièges ni de piétiner la monitrice et les bananes du goûter rangées au fond du car pour l'apercevoir dans le virage, la mer ! rien qu'un petit morceau de la mer si bleue ! elle est toute verte ! l'océan disparut derrière les magasins... reparut entre les villas... merveilleux mirage... Silence ! cria le chauffeur qui avait besoin de concentration pour se garer. On se rangea le long des garages à bateaux. On laissa descendre les gosses. Bon... nous dit le chauffeur, bonne baignade... on descendit derrière Mathilde qui s'étirait sur le trottoir. Ça sentait les gaz d'échappement du car, le goudron chaud, l'algue et la gaufre, c'était toujours cette odeur-là qu'on reniflait en arrivant. Le soleil passait au travers des nuages et tombait en larges bandes sur la mer au loin bien agitée. On longea la promenade jusqu'au premier petit escalier qui menait aux toilettes et puis au sable, nos paniers à la main, je portais le manger, papa portait le lire. On enjamba la ligne d'algues sèches et odorantes déposées par la marée. On se trouva un coin parmi les gens. On s'assit sans parler. La mer, ça nous prenait à la gorge, on avait du mal à avaler sa salive, c'était tellement beau ! tellement salaud ! Papa retira ses chaussures, ses chaussettes, les mit en boule et les fourra dans le fond de ses chaussures, il se remit debout, bien droit et son cul plein de sable, il se tirait sec sur le dos pour faire plus jeune, pour ramener à la surface de sa silhouette une silhouette de maçon. La mer nous regardait. Forcément. On pouvait sentir caché sous l'ombre des vagues épaisses et vertes quelque chose dans l'eau qui nous surveillait. Papa fit quelques pas dans le sable, écartant bien ses doigts de pied... ça fait du bien ! ça défoule les doigts ! cria-t-il pour faire passer les mots par-dessus la vague, ça chatouille entre ! Mathilde retira ses sandalettes de cuir blanc et fit quelques pas dans le sable en écartant aussi ses orteils blancs, le sable la chatouillait à cet endroit tendre où lui poussaient habituellement des virgules, la plage lui tassait entre les orteils des milliers de points blancs mêlés à toute une ponctuation pointue sculptée dans la nacre des coquillages. Mathilde s'approcha de l'eau, l'écume vint la frapper aux chevilles, monta, monta ! ça nous faisait peur ! l'éclaboussa jusqu'aux cuisses ! elle releva vite sa jupe et cria dans notre direction qu'elle était froide ! avant de battre en retraite jusqu'aux serviettes. Papa regardait avec étonnement cette jeune fille qui riait et s'en revenait droit vers lui poursuivie par la mer, il tendit sa main vers elle mais il se reprit et la cacha vite dans sa poche, en pleine confusion des sentiments. Il se fixa sur la mer au loin, suivit du regard ce fin trait qui séparait le grand univers en deux parties égales pour l'œil, formidable outil avec ses limites bien sûr, l'œil n'en voyait pas plus dans le haut que vers le bas, pas plus dans le ciel que sous la mer, l'imagination et l'espoir seuls inventaient des distances, des histoires, des profondeurs, des rêves, cette chose que papa appelait « des machins »... Tiens ! disait-il parfois, quand l'humeur était aux récits intimes, j'ai fait un machin cette nuit en dormant, j'avais une tête de poule et je volais ! On se cacha derrière les serviettes pour passer les maillots. Mathilde mit son maillot à pois, jaunes et rouges façon poisson-clown. Papa et moi on la regardait. On aurait dit une gamine rêveuse elle aussi devant l'océan devenu argent et gonflé par le vent. Puis c'est papa qui se mit en maillot, sur un pied! sur l'autre pied! entortillé dans l'éponge! quelle image! son maillot trop grand pour lui bien sûr, papa se l'était acheté tout seul... en tissu qui brille... avec trois bandes violettes sur les côtés... une petite poche devant pour glisser le peigne ou les sous de la buvette, avec cousu sur la poche un dauphin qui riait! il était mignon dans son maillot luisant! maigrichon, encore musclé sur l'os, blanc comme une dent, sauf le visage et les mains bien sûr, couleur du vin nouveau, il resta planté dans le sable à regarder l'océan gigantesque et si doux, ses cheveux gris dans le vent, l'air gêné au milieu des familles. Mathilde s'avançait lentement dans les rouleaux. L'eau montait le long de ses cuisses. Ses fesses, son dos disparurent, on ne vit bientôt plus que ses cheveux sur la mer chahutés par la houle.

— Elle est bonne! cria-t-elle. Venez vous baigner!

— Vous allez attraper froid! lui gueulait papa qui s'était approché du bord, il se reculait d'un bond à chaque vague qui s'écrasait sur le sable.

— C'est génial, venez! cria Mathilde.

— Revenez!

— Pour rentrer c'est dur, mais après c'est un régal!

— Revenez, nom de Dieu! Papa commençait à s'énerver, il s'avança jusqu'aux genoux dans l'eau glacée. Revenez!

Mathilde plongea sa tête sous la houle et reparut, souriante. Papa mit ses mains en porte-voix.

— Venez avec nous, on va lire!

— Lisez! vous! dit Mathilde, moi je lis toute la journée! j'ai envie de bouger!

C'était le monde à l'envers. Papa la surveilla un moment au bord des vagues puis il revint. On s'assit sur les serviettes, avec entre nous le panier des bouquins. Le soleil nous chauffait les épaules. On la regarda nager. Elle nageait bien. Même mieux que maman. Une jolie brasse rapide et coulée. On prit chacun un livre, on se mit à lire, en tenant haut l'objet que Mathilde pût nous voir de là-bas dans l'eau. Papa levait souvent les yeux, cherchait Mathilde, inquiet, puis il replongeait rassuré dans sa lecture. Il lisait à haute voix et dans sa direction, croyant qu'elle l'entendait peut-être grâce au vent. Il lui lisait le livre fort, comme s'il jetait vers elle un solide cordage, qu'elle passerait autour de sa taille pendant tout le temps qu'elle nageait. Et tout ce temps qu'elle passa à nager papa lut pour elle son livre à haute voix. Le vent soulevait un peu de sable et le coin des serviettes. Les gens souriaient en voyant ce bonhomme en slip « le dauphin » lire aussi bruyamment. Mathilde sortit de l'eau. Elle courut s'asseoir entre nous. Elle était gelée ! Papa la frictionna d'un côté, moi de l'autre. Quand elle fut bien réchauffée on reprit nos livres. Le mien parlait d'animaux. Le sien de soldats. On les abandonna pour manger. On les reprit sitôt après. Mathilde retourna nager quelques minutes et papa recommença son manège, à crier tout haut pour elle ce qui était écrit tout bas. On s'allongea enfin dans le sable. On regarda le ciel jusqu'à la nuit. Jusqu'aux étoiles.

Les 1 275 âmes de Jim Thompson restèrent au fond du panier. Il y resta enfoui à chacune de nos sorties à la plage. Vieux bouquin jauni qu'on rapportait à la maison avec toujours un peu plus de sable entre les pages, racorni, déchiré, et qui, s'il n'avait été là, aurait terriblement manqué.

*Achevé d'imprimer en août 1999
sur les presses de l'Imprimerie Bussière
à Saint-Amand (Cher)*

POCKET - 12, avenue d'Italie - 75627 Paris Cedex 13
Tél. : 01-44-16-05-00

— N° d'imp. 1859. —
Dépôt légal : août 1999.
Imprimé en France